Inhalt

Abendstimmung in Warnemünde: Leuchtturm und Teepott ㉙ im Lichterglanz (073ro Abb.: tm)

Anne Kirchmann, Thomas Morgenstern

CITY|TRIP

ROSTOCK · WISMAR

Nicht verpassen!

Rostock

2 Rathaus [I E2]
Blickfang am Neuen Markt 1 ist das Rathaus mit seiner Mischung aus Gotik und Barock (s. S. 27).

3 Marienkirche [I E2]
Die mächtige Backsteinbasilika thront über der Stadt. Besonders beeindruckend ist der mittägliche Apostelumgang an der astronomischen Uhr (s. S. 29).

9 Steintor [I E3]
Der trutzige Südeingang zur Stadt gibt den Blick frei auf die Stadtmauer 8 mit ihren Toren und Türmen (s. S. 36).

11 Kloster zum Heiligen Kreuz [I D3]
Im Jungfrauenkloster lebten früher die unverheirateten Töchter reicher Familien. Heute ist es ein Museum und zugleich ein idyllisches Plätzchen (s. S. 38).

16 Universitätsplatz und Brunnen der Lebensfreude [I D3]
Hier schlägt das Herz Rostocks: Cafés, Straßenmusiker und Bratwurstverkäufer erfreuen die Flaneure (s. S. 42).

26 Alter Strom, Warnemünde [II C4]
Ein Spaziergang entlang der Bummelmeile ist ein Muss. Räucherfisch vom Kutter und die Ankunft großer Kreuzfahrtschiffe sind nur zwei der Attraktionen (s. S. 53).

Wismar

31 Markt [III C3]
Einer der größten Plätze Norddeutschlands und ein Bilderbuch der Architektur ist Wismars Markt (s. S. 94).

38 Fürstenhof [III B4]
Gebaut als Hochzeitshaus für die Mecklenburger Herzöge, dient der Fürstenhof heute als Gericht und Stadtarchiv. Die üppige Dekoration im Renaissancestil steht in schönem Kontrast zu den benachbarten gotischen Kirchen (s. S. 100).

39 Georgenkirche [III B4]
Als Pionierprojekt der Deutschen Stiftung Denkmalschutz wurde der imposante gotische Bau wieder aufgebaut und international bekannt (s. S. 100).

45 Alter Hafen [III B1]
Bis heute vermittelt der kleine Hafen ein Bild von der mittelalterlichen Handelsschifffahrt. Eine restaurierte Hansekogge wartet auf Besucher (s. S. 107).

Leichte Orientierung mit dem cleveren Nummernsystem
Die Sehenswürdigkeiten sind im Text und im Kartenmaterial mit derselben **magentafarbenen ovalen Nummer** 1 markiert. Alle anderen Lokalitäten wie Geschäfte, Restaurants usw. tragen ein **Symbol und eine fortlaufende rote Nummer** (1). Die Liste aller Orte befindet sich auf Seite 137, die Zeichenerklärung auf Seite 140.

HOTEL
TEEPOTT

071ro Abb.: tm

Möwe am Alten Strom 26 in Warnemünde

Zeichenerklärung

★★★ nicht verpassen
★★ besonders sehenswert
★ wichtig für speziell interessierte Besucher

[A1] Planquadrat im Kartenmaterial. Orte ohne diese Angabe liegen außerhalb unserer Karten. Ihre Lage kann aber wie die von allen Ortsmarken mithilfe der begleitenden Web-App angezeigt werden (s. S. 141).

Updates zum Buch

www.reise-know-how.de/citytrip/rostock18

Vorwahlen

› **Rostock und Warnemünde:** 0381
› **Wismar:** 03841

Schreiben Sie uns

Dieses Buch ist gespickt mit Adressen, Preisen, Tipps und Daten. Unsere Autoren recherchieren unentwegt und erstellen alle zwei Jahre eine komplette Aktualisierung, aber auf die Mithilfe von Reisenden können sie nicht verzichten. Teilen Sie uns bitte mit, was sich geändert hat oder was Sie neu entdeckt haben. Gut verwertbare Infos belohnt der Verlag mit einem „Kauderwelsch"-Sprachführer Ihrer Wahl.

Kommentare übermitteln Sie am einfachsten, indem Sie die Web-App zum Buch aufrufen (siehe Umschlag hinten) und die Kommentarfunktion bei den einzelnen auf der Karte angezeigten Örtlichkeiten oder den Link zu generellen Kommentaren nutzen. Unsere Kontaktdaten entnehmen Sie bitte dem Impressum.

Auf Städtetrip an der Mecklenburgischen Ostseeküste

Die Ostseeküste Mecklenburg-Vorpommerns jagt in den letzten Jahren von einem **Besucherrekord** zum nächsten und noch immer ist die Region für viele eine Neuentdeckung. Naturschönheiten, historische Städte und moderne Seebäder mit allen Annehmlichkeiten sind nur einige der Vorzüge. Das Flächenland, gern kurz **„MeckPomm" oder „MV"** genannt, hat sich in den letzten 20 Jahren immer mehr auf den Tourismus eingestellt und konkurriert mit Bayern und Schleswig-Holstein jährlich um den Titel als Urlaubsland Nummer Eins. Jedoch spielt die **Landwirtschaft** nach wie vor eine gewichtige Rolle und besonders im Binnenland lässt sich in kleinen Dörfern und Städten eine einzigartige Idylle finden. Nicht umsonst ist die Region einer der größten Aussteller der Grünen Woche in Berlin. An der Küste werden in den maritimen Unternehmen stetig Innovationen im **Schiffbau** und in der **Windenergie** produziert. Die **intakte Natur** ist für viele Gäste eine der Hauptattraktionen und tatsächlich steht ca. ein Fünftel der Landesfläche unter Naturschutz. Von den 16 deutschen Nationalparks befinden sich allein drei in Mecklenburg-Vorpommern. Die **raue Herzlichkeit der Küstenbewohner** sorgt für die nötige Prise Authentizität. Die Regionen des Landes haben vielfältige Reize, so z. B. die Inseln Rügen und Usedom, die Müritzregion und die Landeshauptstadt Schwerin.

Rostock und Wismar gehören zu den Aushängeschildern des Tourismus an der mecklenburgischen Ostseeküste. Als größte Stadt bietet die **Hanse- und Universitätsstadt Rostock** die perfekte Infrastruktur für alle Ansprüche und den Reiz einer Stadt mit einer 800-jährigen Geschichte. Das dazugehörige **Ostseebad Warnemünde** ist mit rund 800.000 Passagieren jährlich einer der führenden Kreuzfahrthäfen an der Ostsee. **Wismar**, nur 60 km westlich gelegen, ist als **UNESCO-Welterbestadt** schon weit über die Landesgrenzen hinaus bekannt und bietet Geschichte hautnah sowie eine gemütliche Altstadtatmosphäre. Die beiden Hansestädte konkurrieren nicht, sondern ergänzen sich ideal – gemeinsam bieten sie ein Urlaubserlebnis voller Geschichte, Kulinarik und Freizeitspaß.

Man kann sowohl Rostock als auch Wismar gut an einem Tag im Rahmen einer **Stippvisite** besuchen, aber optimal ist ein Besuch der zwei Ostseeperlen über mehrere Tage hinweg. Rostock und das nahegelegene Warnemünde bieten reichlich Erlebnisstoff für zwei Tage oder mehr, während sich Wismar gut an einem Tag entdecken lässt, sollte die Urlaubszeit doch mal etwas kürzer ausfallen.

Für die **Anreise** gibt es viele Optionen – Näheres findet sich auf S. 59 und S. 114. Segler und Wassersportler können die gut ausgestatteten Marinas in Stadtnähe nutzen. Durch die günstigen Verbindungen zwischen Rostock und Wismar kann man sein Quartier ganz entspannt in einer der beiden Städte aufschlagen und die andere im Rahmen eines Tagesausflugs besichtigen. Wer eine Rundreise entlang der Ostsee plant, findet sowohl in Rostock als auch in Wismar **behagliche Domizile.**

Die Hanse – Macht und Pracht im Ostseeraum

„Hanse“ stammt aus dem Germanischen. Was ursprünglich ***„Kriegerschar“ oder „Gefolge“*** *bedeutete, beschrieb später gemeinsames, genossenschaftliches Handeln. Der Handel an sich und der Beruf des Kaufmanns haben eine längere Geschichte als die Hanse, allerdings liegt bei der Hanse das erste Mal eine gemeinsame Zielsetzung und eine Abstimmung untereinander vor. In diesem Sinne lässt sich die Hanse als ein* ***Zusammenschluss von Kaufleuten*** *mit dem Ziel der* ***Verbesserung der Handelsbedingungen*** *umschreiben. Dazu gehörten neben der Vereinheitlichung von Prozessen auch die gemeinschaftliche Verwaltung von Privilegien und die gemeinsame, sichere Reise. So schlossen sich immer mehr Kaufleute zu regionalen Hansen (Verbünden) zusammen. In vielen Kirchen finden sich etwa Stiftungen der Bergenfahrer oder der Nowgorodfahrer, benannt nach den Städten und Regionen, mit denen die Kaufleute damals Handel betrieben.*

Durch die Zusammenarbeit musste der einzelne Kaufmann seine Waren nun nicht mehr selbst begleiten und konnte einen Großteil der Geschäfte von zu Hause aus erledigen. Die einstigen ***Wanderkaufleute*** *gründeten stationäre Stützpunkte, die* ***Kontore.***

1259 wurde ein erster Kooperationsvertrag zwischen Lübeck, ***Wismar*** *und* ***Rostock*** *geschlossen. Die großen Geschäfte des Mittelalters wurden mit Rohstoffen und Fertigwaren gemacht: Heringe aus der Ostsee gelangten gesalzen und konserviert nach Westeuropa, Wein aus Frankreich oder Gewürze aus dem Orient kamen nach Skandinavien oder Russland. Die Kaufleute der verschiedenen Verbünde und Kontore reisten regelmäßig zum* ***Hansetag*** *an; viele dieser Konferenzen fanden in Lübeck und Wismar statt. Der Einfluss der Kaufleute auf die Entwicklung und das Antlitz ihrer Heimatstädte verstärkte sich im späten Mittelalter. So wurde die Kaufmannshanse zu einer* ***Städtehanse;*** *man verwies nicht mehr auf einzelne Gruppen, sondern auf die Städte als Ganzes.*

Gemäß Schätzungen lag die ***Mitgliederzahl*** *der Hanse zu ihrer Blütezeit im 13. und 14. Jh. bei ca. 200 Städten, zwischen Zuidersee (Holland) im Westen, Tallinn (Estland) im Osten, Visby (Schweden) im Norden und der Linie Köln – Krakau im Süden. Eine genaue Liste ist schwer zu erstellen, da die Hanse, anders als mittelalterliche Zünfte und Gilden, ein freiwilliger und lockerer Bund war.*

Vom 13. bis 16. Jh. dominierten die Hansekaufleute die Wirtschaft im Ostseeraum gegenüber den adligen Herrschern. Bereits im 15. Jh. wurde ihre Position jedoch zusehends geschwächt. Die neu entdeckten Handelswege über den Atlantik und Pazifik konnte die Hanse nicht ausreichend bedienen, die ***erstarkte Konkurrenz*** *mit anderen Verbünden und Nicht-Hanse-Städten behinderte die Geschäfte des überregionalen Bundes. Somit ging der Einfluss der Hanse immer weiter zurück. Der Hansetag 1669 in Lübeck gilt als Ende der Hansezeit.*

Heute spielen hanseatische Ideen wieder eine größere Rolle. Gern wird der gemeinsame Markt der EU als eine neue Hanse betrachtet. Im Ostseeraum gibt es Bestrebungen, die alten Verbünde in Form einer ***Hanse der Neuzeit*** *wieder aufzugreifen. Mehr Infos hierzu gibt es u. a. auf www.hanse.org.*

Zur richtigen Zeit am richtigen Ort

Die **Hauptsaison** an der Küste liegt **zwischen Ostern und Oktober.** In diesen Zeitraum fallen auch die meisten großen Veranstaltungen, wie z. B. die Hanse Sail in Rostock oder das Schwedenfest in Wismar. Die **Adventszeit** und der **Jahreswechsel** werden allerdings als Reisezeit immer beliebter, sodass die Region vor allem im Dezember stark nachgefragt wird.

Einen umfangreichen **Veranstaltungskalender** bietet der Tourismusverband Mecklenburg-Vorpommern auf der Internetpräsenz **www.auf-nach-mv.de/veranstaltungssuche.** Hier sind auch reizvolle kleinere Veranstaltungen aufgeführt wie z. B. Hoffeste, Kirchen- oder Gutshausführungen und Konzerte.

Januar bis Mai

› **Warnemünder Turmleuchten (1. Jan.):** Am Nachmittag des Neujahrstages erstrahlt der Warnemünder Leuchtturm 29 während einer Licht- und Feuerwerksshow mit passender Musik. Die stets neu erdachte Aufführung zog zuletzt 90.000 Besucher an und hat sich längst etabliert. Bereits ab Mittag wird auf Bühnen und an zahlreichen Ständen Programm geboten, bis das Event am späten Nachmittag beginnt (www.warnemuender-turmleuchten.de).

› **Warnemünder Wintervergnügen (Anf. Feb.):** Ursprünglich geplant als Saisonverlängerung im Winter, ist das Festival nun fester Bestandteil des Veranstaltungsplans der Stadt. Kutschfahrten, Strandkörbe am Lagerfeuer, ein Wintermarkt auf der Promenade und Musikveranstaltungen sorgen dafür, dass kein Besucher Kälte oder Langeweile verspürt. Beim Eisfasching der Rostocker Seehunde kocht dann die Stimmung trotz niedriger Temperaturen (www.rostock.de, Suchbegriff: Wintervergnügen.)

› **Heringstage Wismar (März/Apr.):** Kommt der Hering im Frühjahr zum Laichen in die Ostsee, dreht sich kulinarisch alles um den Silberling. Wismar bietet an verschiedenen Stationen Leckeres vom Fischbrötchen bis zum außergewöhnlichen Gourmetmahl. Die Veranstaltung markiert den Beginn der Saison an der Ostsee (www.heringstage-wismar.de).

› **Rostocker Ostermarkt (März/Apr.):** Ebenfalls zum Saisonbeginn an der Ostsee sorgt der traditionelle Ostermarkt mit Fahrgeschäften und Marktständen für Trubel und Unterhaltung in der Innenstadt (www.rostock.de, Suchbegriff: Ostermarkt).

Juni bis September

› **Wismarer Hafenfest (Juni):** Das Stadtfest, auch bekannt als Wismarer Hafentage, wird seit der Wende gefeiert. Markttreiben, Kirmes und kulinarische Angebote bieten Kurzweil am Festwochenende rund um den Alten Hafen 45. Höhepunkt ist das große Feuerwerk am Samstag (www.hafenfest-wismar.de).

› **Warnemünder Woche (Juli):** Über zwei Wochen steht Warnemünde im Zeichen des Segelsports. In (fast) allen Klassen finden Wettbewerbe statt, die die Zuschauer gut vom Strand aus beobachten können. Dazu lockt ein vielfältiges Programm an Land. Budenzauber, Konzerte, Straßenkunst und vor allem der „De Niege Ümgang" als große Parade am ersten Wochenende bieten beste Unterhaltung. Jedes Jahr wird außerdem ein zünftiges Waschzuberrennen im Alten Strom 26 mit fantasievollen Gefährten und Kostümen veranstaltet (www.warnemuender-woche.de).

- **Hanse Sail, Rostock (Aug.):** Das größte maritime Spektakel in Mecklenburg-Vorpommern ist seit 25 Jahren Höhepunkt des Sommers (weitere Infos: s. S. 10).
- **KUNST-handwerker-MARKT, Rostock (Aug.):** Der Rostocker Universitätsplatz 16 verwandelt sich an einem Augustwochenende in eine Schaubühne für Töpfer, Maler und andere Künstler. Viele Unikate können erworben werden, aber auch allerlei Gebrauchs- und Dekorationsgegenstände (www.kunsthandwerk-rostock.de).
- **Schwedenfest, Wismar (Aug.):** Jeden Sommer kommen die Schweden, die Wismar über 150 Jahre besetzt hielten, zurück und es wird ein großes Fest gefeiert. Die Schwedenzeit (s. S. 105) gehörte für die Wismaraner nicht zu den schlechtesten; daher hat man heute viel Spaß an den Vorführungen der militärhistorischen Vereine beider Länder. Mit einem Jahrmarkt wird die mecklenburgisch-schwedische Freundschaft zelebriert (www.schwedenfest-wismar.de).
- **Internationales Straßentheaterfest boulevART, Wismar (Aug.):** Anfang August ist Wismar für ein Wochenende Schauplatz des internationalen Straßentheaters. Zwischen Markt 31 und Altem Hafen 45 trifft man auf Komödianten, Akrobaten, Stelzenläufer, Pantomimen, Clowns und andere Künstler. Schauspieler und Musiker verwandeln die Stadt mit ihren Darbietungen in eine riesige Open-Air-Bühne. Das vom Theater Wismar (s. S. 126) organisierte Festival gibt es seit mehr als zehn Jahren (www.wismar.de, Menüpunkt „Bürger“/„Veranstaltungen“/„Jährliche Höhepunkte“). Das Festival findet alle zwei Jahre (gerade Kalenderjahre) statt.

Publikumsmagnet Hanse Sail (s. S. 10) im Stadthafen 13 Rostock

EXTRATIPP

Hanse Sail – Spektakel der Schiffsgucker

Das **viertägige maritime Event** lockt jedes Jahr im August über eine Million Gäste nach Rostock und Warnemünde. Rund 200 Schiffe melden sich jährlich an und bieten den Besuchern **Schiffsbesichtigungen und Ausfahrten.** So können Interessierte auf einem historischen Segler, Raddampfer oder Eisbrecher mitschippern und sogar selbst Hand anlegen. An Land reihen sich Buden mit Gastronomie und Souvenirs aneinander; auf mehreren Bühnen findet ein feines Konzert- und Kulturprogramm statt. Zu den Ausfahrten und dem großen **Höhenfeuerwerk** stehen die Rostocker und ihre Gäste dicht an dicht am Ufer im Rostocker Stadthafen (13) sowie am Neuen Strom [II D3] und am Passagierkai [II D4] in Warnemünde. Wer Zeit hat, sollte am Donnerstag oder Sonntag zur Sail gehen – dann ist es nicht so voll und die meisten Schiffe liegen vertäut im Hafen. Zu den größten Teilnehmern gehört die **russische Viermastbark Sedov.** Ein gern gesehener Dauergast ist der **Dampfeisbrecher Stettin,** Baujahr 1933. Imposante Schul- und Marineschiffe aus so fernen Ländern wie Japan, Indien oder Brasilien haben die Hanse Sail in den letzten Jahren besucht und die Zuschauer begeistert.

› **Weitere Infos:** www.hansesail.com. Dort ist auch die ganzjährige Buchung von Mitsegel-Angeboten – nicht nur zu den Sailtagen – möglich.

Faszination Segelschiffe: Besucher der Hanse Sail in Warnemünde

002ro Abb.: tm

Oktober bis Dezember

› **Lange Nacht der Museen, Rostock (Okt.):** Wie in vielen anderen deutschen Städten hat sich die Museumsnacht inzwischen zu einer Institution entwickelt. Bekannte, aber auch kleine, nur selten zu besichtigende Ausstellungen öffnen ihre Türen bis spät in die Nacht für Neugierige und Wissenshungrige. Das Nahverkehrsticket ist im Preis inklusive. Für den späten Hunger gibt es an mehreren Stationen Angebote (www.lange-nacht-der-museen-rostock.de).

› **Weihnachtsmärkte, Rostock und Wismar (Dez.):** Der Rostocker Weihnachtsmarkt ist der größte im Norden und zieht sich durch die gesamte Innenstadt. Kunsthandwerk und Leckereien wie Mutzen, Rostocker Rauchwurst und Backbanane, aber auch rasante Fahrgeschäfte gehören hier traditionell dazu.

Viele Skandinavier sind in dieser Zeit zu Gast in Rostock und genießen Glühwein und Co. In Wismar geht es beschaulicher zu. Der Weihnachtsmarkt spielt sich auf dem Markt 31 ab; festliche Beleuchtung an den Fassaden und über der Straße sorgen in der Altstadt für besinnliche Stimmung (www.rostocker-weihnachts markt.de; www.wismar.de, Menüpunkt „Bürger"/„Veranstaltungen"/„Jährliche Höhepunkte").

Wetter und Reisezeit

Das Wetter kann für einen Ostseeurlaub der bestimmende Faktor sein. Etwas überraschen dürfte, dass die **mecklenburgische Ostseeküste** zu den **sonnenreichsten Regionen Deutschlands** zählt. So ist die Insel Rügen regelmäßig Spitzenreiter und kam 2016 auf rund 2000 Sonnenstunden. In den vergangenen 20 Jahren stieg zudem die durchschnittliche Temperatur stetig an. So werden im **Juli und August** im Mittel 21 °C erreicht. In den vergangenen Jahren kletterten die Temperaturen an manchen Tagen aber auch auf bis zu 35 °C. Dennoch gibt es auch kühlere Tage, sodass sich im Gepäck immer eine windabweisende Jacke befinden sollte.

Im **Frühsommer** kann **Seenebel** Strände und Straßen in ein dunstiges Grau hüllen. Spätestens ab Mittag hat sich der Nebel aber meist verzogen und die Besucher zieht es wieder an die Strände. Die **Winter** sind oft mild mit Temperaturen um 5 °C, wobei die Quecksilbersäule in den Nächten durch das oft klare Wetter weit ins Minus fallen kann. Es kommen aber auch Winter mit Schneefall über mehrere Tage vor, an denen die Temperaturen auch tagsüber deutlich unter dem Gefrierpunkt liegen.

Generell herrscht an der **Küste** ein Wetter ohne große Extreme. Die Ostsee sorgt als „Klimaanlage" für **ausgeglichene Temperaturen.** Sie speichert die Wärme des Sommers und sorgt so für einen milden Herbst und Winter. Im **Frühjahr** braucht sie allerdings einige Zeit, um wieder auf „Betriebstemperatur" zu kommen und die Mecklenburger blicken neidisch nach Süddeutschland, wo man häufig schon längst draußen im Biergarten sitzt.

Starke Brisen lassen Tiefdruckgebiete und Wolken schnell vorbeiziehen. Da weniger Wasser aus der kühlen Ostsee verdunstet, bilden sich

003ro Abb.: tm

Der Rostocker Weihnachtsmarkt ist besonders stimmungsvoll

004ro Abb.: tm

auch weniger Wolken. Zudem lassen Regenwolken ihre Fracht häufig im Westen abregnen, sodass die Region zwischen Rostock und Wismar zu den niederschlagsärmsten gehört.

Stürme kommen besonders von **November bis März** vor, sind aber meist weniger stark als an der Nordsee und locken Bernsteinsucher an die Strände. Bei lang anhaltendem Nordwind wird das Wasser an die Küsten gedrückt und es kommt zu leichtem Hochwasser.

Eine gute Reisezeit für **Kultururlauber** sind die Monate **Mai und Juni** sowie **September und Oktober.** Meist ist es in dieser Zeit freundlich, mit viel Sonne und milden Temperaturen; auch die Natur hat schöne Farbenspiele zu bieten. Das ist zudem die beliebteste Reisezeit für kleine und große Reisegruppen. Sonnenhungrige **Strandurlauber** sollten im **Juli und August** nach Rostock und Wismar reisen. Dies ist jedoch auch die **Hauptreisezeit** und daher recht belebt und teuer.

Die Sehenswürdigkeiten und Hotels sind überwiegend ganzjährig geöffnet und bieten meist **attraktive Nebensaisonangebote.** Und die stürmische See an einem klaren Wintertag hat schon so manchen begeistert.

Grundsätzlich gilt für Reisen an die Küste, sich auf jedes Wetter einzustellen. Viele Reisende planen eher kurzfristig und warten den Wettertrend ab. Kommt ein sonniges Wochenende – egal zu welcher Jahreszeit –, dann machen sich besonders die Berliner und Brandenburger spontan auf den Weg an die Küste.

Abendstimmung in Rostock: die Sonne spiegelt sich in der Warnow

Wetter in Rostock

Durchschnitt	Jan	Febr	März	Apr	Mai	Juni	Juli	Aug	Sept	Okt	Nov	Dez
Maximale Temperatur	3°	4°	7°	11°	16°	19°	21°	21°	17°	13°	8°	5°
Minimale Temperatur	–1°	–1°	1°	4°	8°	12°	14°	14°	11°	7°	3°	1°
Regentage	10	8	9	8	8	10	9	9	10	9	11	10

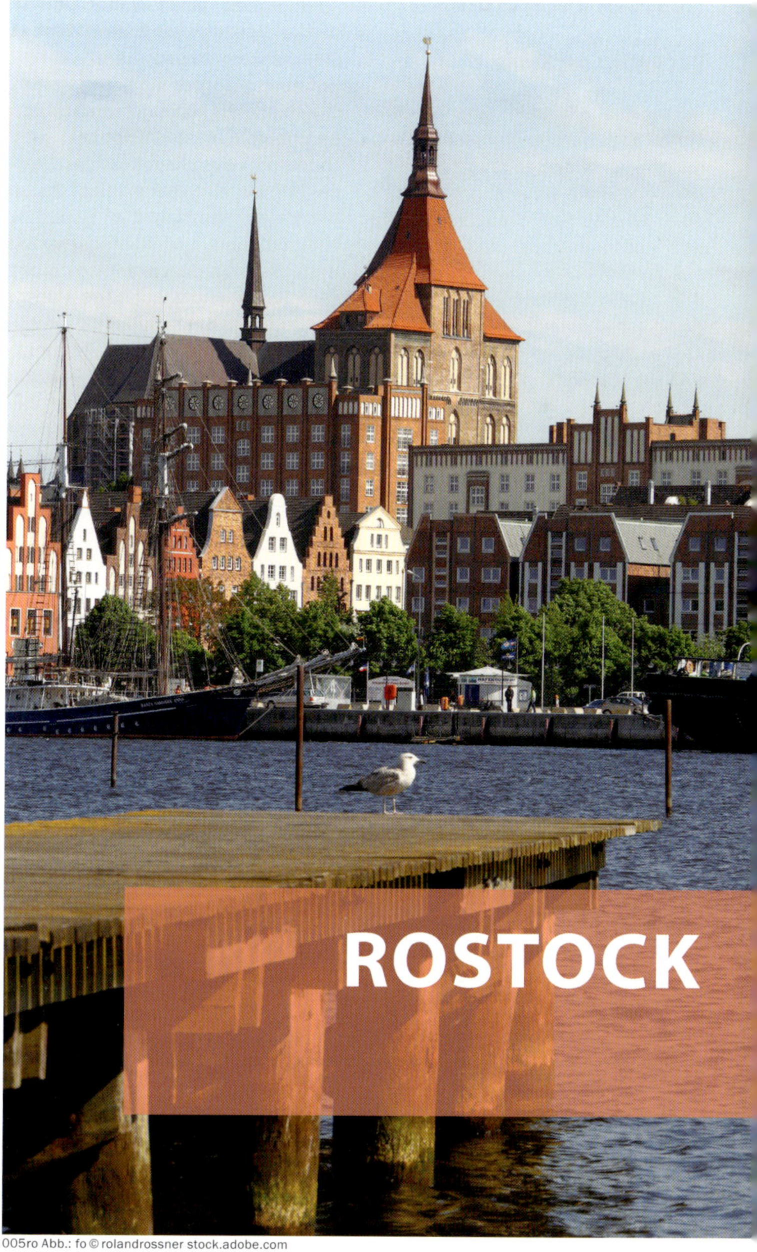

005ro Abb.: fo © rolandrossner stock.adobe.com

Rostock verstehen

Das Antlitz der Stadt

Rostock – wer noch nicht da war, kennt den Namen wenigstens von der Wetterkarte. Oben rechts. An der Ostsee. Als Anlaufpunkt für große, internationale Kreuzfahrtschiffe und Austragungsort des Windjammertreffens Hanse Sail hat sich die Stadt einen Namen gemacht. Manch einer kennt auch die Krimireihe Polizeiruf 110, deren Rostocker Episoden bereits viel Lob geerntet haben. Ein anderer erinnert sich an vergangene Erfolge des Fußballklubs Hansa Rostock. Die Hanse- und Universitätsstadt Rostock ist eine lebendige und moderne Stadt, die ihre hanseatische Tradition bewahrt hat und heute das maritime Zentrum Mecklenburg-Vorpommerns ist.

Vorseite: Blick über die Warnow auf Altstadt und Marienkirche 3

Rostock von oben: Aussicht vom Turm der Petrikirche 6

Mit derzeit fast 208.000 Einwohnern ist Rostock die **größte Stadt in Mecklenburg-Vorpommern** und liegt fast mittig an der Ostseeküste des Bundeslandes. So sind es ca. 95 km bis nach Schleswig-Holstein und ca. 260 km bis zur polnischen Grenze. Rostock erstreckt sich auf 21 km entlang der **Warnow.** Der Fluss, der entscheidend zur Namensgebung Rostocks beigetragen hat, entspringt ca. 100 km südöstlich der Hansestadt und endet schließlich in Warnemünde. Damit wäre die **Namensgebung** auch schon geklärt: Rostock, slawisch für „Ort der Flussverbreiterung", und Warnemünde, Mündung des Flusses Warnow in die Ostsee.

Der **alte Kern Rostocks** ist überschaubar – entlang der **Stadtmauer** 8 könnte man die historische Altstadt wohl in einer guten Stunde umrunden. Will man jedoch die gesamte Stadt in ihren heutigen Ausmaßen einmal rundherum erkunden, braucht man ein Auto. Rostock ist recht **weitläufig** und bietet seinen Bürgern damit auch viel Grün und reichlich Platz. Bereits 1940 **Ziel alliierter Bomben-**

angriffe, fielen große Teile der Rostocker **Altstadt** Ende April 1942 den Flammen der Brandbomben zum Opfer. Das Bild der Stadt hat sich nach dem Zweiten Weltkrieg gravierend verändert. Zahlreiche **mittelalterliche Straßenzüge verschwanden** und mit ihnen viele der markanten Giebelhäuser. Nach sowjetischem Vorbild wurde die Lange Straße ⓯ im Zentrum zum Boulevard ausgebaut. Neue Stadtviertel wuchsen zwischen dem historischen Stadtzentrum und Warnemünde. Während Reutershagen (1951) noch nach dem klassischen Stein-auf-Stein-Prinzip entstand, kam bei den neueren Vierteln, z.B. Südstadt und Lütten Klein, die schnellere und billigere **Plattenbauweise** zur Anwendung. So entwickelten sich neben eingemeindeten kleinen Dörfern neue Wohnsiedlungen. Noch heute wohnt in den einst als Schlafstädte verpönten Neubausiedlungen fast die Hälfte der Rostocker.

KURZ & KNAPP

Rostock in Zahlen

- **Gegründet:** 1218
- **Einwohnerzahl:** 207.492
- **Bevölkerungsdichte:** 1146 Einw./km²
- **Fläche:** 181,3 km²
- **Höhe ü. M.:** 13 m
- **Stadtteile:** 21
- **Studenten:** 13.768 (2015/16)
- **Schiffsankünfte im Rostocker Hafen:** 8120 (2016)
- **Kfz-Kennzeichen:** HRO

Als wichtigste Hafenstadt der DDR zog Rostock immer mehr Menschen an und erreichte Ende der 1980er-Jahre seinen höchsten Bevölkerungsstand mit 253.000 Einwohnern. Nach der **Wiedervereinigung** erfolgten **umfangreiche Sanierungsarbeiten,** welche nun auch die historischen Gebäude im Villenviertel und in den alten Arbeiterquartieren umfassten und das Antlitz der Stadt wieder zum Strahlen brachten. So finden viele heutige Besucher ihre eher industriell und grau geprägte Vorstellung der Hafen- und Industriestadt überraschend widerlegt und bewundern das harmonisch, farbenfroh und originalgetreu gestaltete Stadtbild.

006ro Abb.: tm

Mit rund 6000 ha Waldfläche ist Rostock ferner einer der größten kommunalen Waldbesitzer Deutschlands. In der **Rostocker Heide** kann man wunderbar Rad fahren, wandern und Pilze sammeln. Die Stadt besitzt **viele Grünflächen** und selbst in den neuen Wohnvierteln wurde auf eine lockere Bebauung mit Stadtteilparks geachtet.

Für die Rostocker sind es nur 20 Min. mit dem Auto oder der Stadtbahn von der Innenstadt bis zum Strand. **Warnemünde**, ein **Ortsteil von Rostock**, hat seine ganz eigene Bekanntheit erlangt und viele halten das Ostseebad für einen eigenständigen Ort. Dieser Anschein wird von den Warnemündern auch gern aufrechterhalten.

So ist Rostock heute eine alte Stadt mit moderner Wirtschaft, eine große Stadt mit viel Platz für seine Bewohner und eine historische Stadt mit eigenem Seebad vor der Tür.

Geschichte

Rostock blickt auf **nahezu 800 Jahre Stadthistorie** seit seiner Gründung zurück. Bereits vor mehr als 1400 Jahren lebten hier slawische Stämme am Ostufer der Warnow. Sie nannten ihre Siedlung **Roztoc** – „Ort, an dem sich der Fluss verbreitert" oder „Auseinanderfließen des Flusses".

Bald drängten deutsche Kolonisten und Eroberer unter **Heinrich dem Löwen** (um 1130–1195) gen Norden und gründeten auf der gegenüberliegenden Uferseite eine Siedlung. Der wendische (slawische) Name wurde übernommen und die Slawen gingen nach und nach in der deutschen Bevölkerung auf. Das **Stadtrecht** nach dem Vorbild Lübecks erhielt dieser neue Ort zu Beginn des 13. Jh. Somit ist Rostock nach Schwerin die zweitälteste Stadt in Mecklenburg-Vorpommern.

Als einer der **Mitgründer der Hanse** (s. S. 7) im wendischen Quartier war Rostock ein wichtiger Handelsstützpunkt und tonangebend in puncto Architektur und Politik. Die Stadt wuchs kräftig; bald konkurrierte man mit Wismar und Stralsund um die Vorrangstellung in der Region.

Der **Rostocker Pfingstmarkt** lockte mit seinen Handelsprivilegien seit 1390 jedes Jahr viele Kaufleute aus aller Welt an und füllte die Stadtkasse. So verwundert es nicht, dass hier zu Beginn des 15. Jh. die **erste Universität im Ostseeraum** gegründet wurde. Denn die mächtigen und reichen Kaufleute wollten ihre Stadt nun auch mit Wissenschaft und Forschung schmücken. Trotz beständiger Fehden mit dem Landesherrn, dem **Herzog zu Mecklenburg**, von dem die Stadt nie ganz unabhängig werden konnte, arbeitete man bei der Gründung der Alma Mater Hand in Hand.

Die Stadt war gut befestigt und konnte sich u. a. im **Dreißigjährigen Krieg** (1618–1648) fremder Truppen erwehren. Der Landesherr zeigte mit seinem herrschaftlichen Palais Präsenz in der Stadt und forderte Tribute, aber die Rostocker schafften es auch, ihm viele Privilegien und Vorteile abzutrotzen. Für manche dieser Freiheiten zahlten die Bürger ein stattliches Sümmchen. Damit war eine gewisse Unabhängigkeit erreicht, wenn man auch den Lübeckern ihre Reichsfreiheit neidete. In der Stadt forderten bald auch die einfachen Leute mehr Mitsprache, sodass man im 16. Jh. eine erste Bürgervertretung, das sogenannte **Hundertmänner-Kollegium**, einrichtete.

Obwohl Rostock nie das politische Zentrum des Herzogtums Mecklenburg war, spielte die Stadt mit ihrer **Wirtschaftskraft** stets eine gewichtige Rolle. So tagte das **Parlament der Landständischen Union**, eine Art frühdemokratischer Gewaltenteilung zwischen Landesherrn und Adel, Ritterschaft und Städten, in Rostock. Mit dem **Niedergang der Hanse** im 16. und 17. Jh. schrumpfte die Wirtschaftskraft Rostocks und erlebte erst mit der Industrialisierung einen neuen Aufschwung. Im ausgehenden 19. Jh. lag hier die größte Flotte an Segelschiffen im Ostseeraum an den Kaikanten. Man pflegte Handelsbeziehungen u. a. zum Zaren in St. Petersburg und exportierte hauptsächlich landwirtschaftliche Güter nach Nordeuropa und England. Bekannt wurden die **„Zorenappels"**, Qualitätsäpfel für den russischen Hof. Bald entstanden **große Industrieanlagen**, u. a. die Riedelschen Dachpappenwerke, die Chemiefabrik Witte, die Rostocker Brauerei und auch die Neptun Werft (s. Exkurs „Das industrielle Erbe", S. 50).

Kaum bekannt ist die Tatsache, dass der Flugzeugingenieur **Ernst Heinkel** (1888–1958) einen großen Teil seiner Entwicklungsarbeit und Flugzeugproduktion seit den 1920er-Jahren in Rostock abwickelte. Diese umfangreiche **Industrie- und Militärproduktion** machte Rostock im **Zweiten Weltkrieg** zum Ziel alliierter Bombenangriffe. Zudem war die Stadt Teil der britischen Flächenbombardements. Die Zerstörungen waren besonders in der Altstadt enorm. In der sich entwickelnden **DDR** wurde Rostock ab den 1950er-Jahren zum **Zentrum der maritimen Industrie und Seefahrt** ausgebaut. Als **Bezirksstadt** (Verwaltungssitz des Bezirks) regierte man von hier aus den gesamten Küstenbereich von der Grenze bei Lübeck bis nach Rügen und Usedom im Osten. Stark ausgebaut erreichte die Stadt ihre höchste Einwohnerzahl in den 1980er-Jahren – damals lebten mehr als 250.000 Menschen in Rostock.

Nach der **Wende** musste vieles neu gedacht und geplant werden. Ganze Industriezweige brachen zusammen und fanden nicht immer neue Unterstützung. Die Einwohnerzahl sank, aber die Wirtschaft erholte sich langsam. Zwar entschied man sich 1990 aus historischen Gründen für Schwerin als neue Landeshauptstadt, Rostock etablierte sich aber als **größte Stadt** und **wirtschaftliches Zentrum in Mecklenburg-Vorpommern.**

ca. 6.–8. Jh. Nach der Völkerwanderung von Osten her eingewanderte Slawen siedeln am Ufer der Warnow und nennen den Ort Roztoc.

12. Jh. Im Rahmen der Ostexpansion dringen deutsche Siedler unter Heinrich dem Löwen ins heutige Mecklenburg vor. 1160 wird Schwerin gegründet.

1218 Die deutsche Siedlung Rostock erhält am 24. Juni das Lübische Stadtrecht von Fürst Heinrich Borwin I.

1252 Rostock kauft das Waldgebiet östlich der Stadt, heute bekannt als Rostocker Heide.

1259 Rostock, Wismar und Lübeck schließen ein Bündnis gegen See- und Landräuber. Der Vertrag gilt als Beginn der Hanse (s. S. 7) in der Region.

1265 Die Teilstädte östliche Altstadt, Mittelstadt und Neustadt mit ihren Kirchen und Rathäusern schließen sich zusammen. Das politische Zentrum der Stadt ist nun der Neue Markt ❶.

1323 Rostock kauft das Fischerdorf Warnemünde zur Absicherung seines Seezugangs.

007ro Abb.: tm

1419 Die Universität Rostock wird als erste im Ostseeraum gegründet.
1531 Die Reformation hält Einzug.
1583 Mit der Wahl des Hundertmänner-Kollegiums gibt es in Rostock eine erste Bürgervertretung.
1677 Ein großer Stadtbrand in der östlichen Altstadt zerstört rund um die Petrikirche 6 über 700 Häuser.
1816 Der gebürtige Rostocker Fürst Blücher (s. S. 45) hält nach dem Sieg über Napoleon feierlich Einzug. Er wird erster Ehrenbürger der Stadt.
1851 Stapellauf des ersten eisernen Schraubendampfers auf der Werft Tischbein & Zeltz
1903 Mit Eröffnung der Eisenbahnfährlinie Warnemünde – Gedser entsteht eine deutsch-dänische Verbindung – bis heute eine der kürzesten und wichtigsten in der Ostsee.
1942 u. 1944 Schwere Luftangriffe zerstören Teile der Stadt. Ziel sind auch die Heinkel-Werke (s. Exkurs „Das industrielle Erbe", S. 50).

Fast 600 Jahre alt: die Alma Mater von Rostock

1952 Rostock wird Verwaltungssitz des gleichnamigen Bezirks der DDR. 1953 beginnt der Wiederaufbau und Neubau der Langen Straße 15 zur Magistrale.
1989 Am 5. Oktober finden erste Demonstrationen auf den Straßen von Rostock statt. Joachim Gauck engagiert sich in der Bürgerbewegung.
1994 Der Turm der Petrikirche wird feierlich wiederaufgesetzt: Ein Wahrzeichen Rostocks ist zurück.
2012 Ein Rostocker wird Oberhaupt des deutschen Staates: Joachim Gauck ist Bundespräsident bis 2017.
2013 Ein Jahr des Wachstums – Rostock hat wieder über 200.000 Einwohner, mit 197 Anläufen sind so viele Kreuzfahrtschiffe wie noch nie in Warnemünde angekommen und die Übernachtungszahlen erreichen ebenfalls ein neues Rekordhoch.
2014 Das Heimatmuseum Warnemünde feiert sein 100-jähriges Bestehen.
2017 Die MV-Werften starten am Traditionsstandort Warnemünde den Bau von Kreuzfahrtschiffen.
2018/2019 Doppeljubiläum: 800 Jahre Stadtrecht (von 1218) und 600 Jahre Universität (geg. 1419)

Leben in Rostock

Die Hanse- und Universitätsstadt Rostock ist heute zwar die größte Stadt in Mecklenburg-Vorpommern, aber nicht deren Hauptstadt. Man unterlag 1990 im Rennen gegen die Residenzstadt Schwerin. Die Rostocker haben die Enttäuschung schnell überwunden, sind sie doch nach wie vor der **Motor des Landes** – sowohl wirtschaftlich als auch kulturell. So nutzt man die eine oder andere Gelegenheit für einen Seitenhieb auf die kleinste Landeshauptstadt Deutschlands.

Nach einem Tief direkt nach der Wende wächst Rostock heute wieder und ist durch eine **hohe Lebensqualität** auch interessant für junge Zuwanderer aus dem Süden der Republik und dem Ausland. Durch neue Jobs, vor allem für Ingenieure, Facharbeiter und Dienstleister, zählt Rostock mit einer Arbeitslosenquote von unter 8 % längst nicht mehr zu den Schlusslichtern in Deutschland.

Ein nicht unerheblicher Teil der Stellen beruht auf **Saisonarbeit im stetig wachsenden touristischen Gewerbe**; damit steigt und fällt die Arbeitslosigkeit im Jahresverlauf. Optimismus ist daher angesagt, nachdem die Stadt die schwierige Wiedergeburt nach dem Zerfall der ostdeutschen Industrie gemeistert hat. In den Ranglisten zur **Wirtschaftsdynamik** und **Zufriedenheit** der Bewohner ist Rostock gut platziert. Die ausgezeichnete Infrastruktur, die restaurierte historische Bausubstanz und das gute Kulturangebot werden dabei oft gelobt. Das Motto „Leben, wo andere Urlaub machen“ gilt auch für die Einheimischen. Fragt man die Rostocker, so wollen die meisten nicht weg aus ihrer Stadt. Mittlerweile gibt es Initiativen, die interessierte **Rückzügler** unterstützen, um wieder in ihrer alten Heimat zu arbeiten und zu leben.

Dass Rostocks **Innenstadt** so **lebendig und jung** wirkt, liegt vor allem an den zahlreichen Studenten, die ihre freie Zeit zwischen den Seminaren gern rund um den Universitätsplatz 16 verbringen. Mit rund **14.000 Studenten** hat die Universität kurz vor ihrem 600. Geburtstag einen neuen Rekord erreicht. Die Fakultäten sind über die ganze Stadt verteilt und so gestaltet sich auch das studentische Leben eher dezentral.

Bisher ist der Ausländeranteil mit knapp 5 % noch recht gering im Vergleich zu anderen deutschen Städten. Die meisten Rostocker mit Migrationshintergrund stammen aus Vietnam oder den ehemaligen Sowjetrepubliken. Trotz des **Brandanschlags in Rostock-Lichtenhagen 1992**, der großes internationales Medienecho nach sich zog, empfinden die Rostocker ihre Stadt als offen und tolerant. Soziale Brennpunkte lassen sich nicht bestimmen. Initiativen wie z. B. „Bunt statt Braun“ sorgen für Aufmerksamkeit und Aufklärung.

Als Destination des internationalen Tourismus, besonders im Hinblick auf die wachsende Anzahl von **Tagesgästen großer Kreuzfahrtschiffe**, an manchen Tagen über 5000 Passagiere, findet sich in Rostock vor allem im Sommer eine bunte Mischung von Menschen aller Nationen. Die Bürger finden langsam Gefallen am Sprachengewirr und an den neugierigen Fragen der Amerikaner, Spanier und Japaner.

Es lässt sich gut leben hier in Rostock. Ob nun im restaurierten Altbau, in der sanierten „Platte“ aus DDR-Zeiten oder gar in einer der schicken neuen City-Wohnungen, die momentan überall gebaut werden: Die Bewohner sind zufrieden mit ihrem Wohnumfeld. Die **Mieten** sind teils kräftig gestiegen, allerdings ist dies wohl auch dem ausgesprochen **hohen Sanierungsstand** von weit über 90 % und dem sehr gut ausgelasteten Wohnungsmarkt geschuldet.

Rostock ist auch eine **Stadt des Sports.** Sieht man einmal vom krisengeschüttelten **Fußballklub Hansa Rostock** (s. S. 21) ab, gibt es durchaus einige Rostocker, die in ihren Sportdisziplinen international triumphieren konnten. Mit André Greipel sprintet ein Rostocker bei der Tour de France regelmäßig auf vordere Plätze. Namen wie Jan Ullrich (Tour-de-France-Gewinner 1997), Britta Kamrau (Welt- und Europameisterin im Langstreckenschwimmen) oder Marita Meier-Koch, die seit 1985 den Weltrekord auf der 400-m-Laufstrecke hält, machten Rostock weltweit bekannt. Die Stadt verfügt über einen olympischen Ruderverein und ist regelmäßig Austragungsort internationaler Wassersprung- und Segelwettbewerbe. Die Eishalle in der Schillingallee ist Heimat der Shorttracker, einer Disziplin des Eisschnelllaufs, und einer von nur zwei Olympiastützpunkten in Deutschland.

Die **maritime Wirtschaft** ist ohne Zweifel größter Arbeitgeber der Stadt, aber bisweilen auch das größte Sorgenkind. Schiffbau, Windenergie und Güterumschlag bestimmen nach wie vor das Geschäft. Rostock ist heute aber auch ein bedeutendes **Dienstleistungszentrum** und **Standort für Forschung und Wissenschaft.** Leibniz-, Fraunhofer- und Max-Planck-Institut sowie das Institut für Ostseefor-

008ro Abb.: tm

schung Warnemünde ziehen Wissenschaftler aus aller Welt nach Rostock. **Große Unternehmen** wie AIDA Cruises, Liebherr, Caterpillar und Nordex, aber auch Institutionen wie das Bundesamt für Seeschifffahrt und Hydrographie haben Rostock als Standort gewählt, Letzteres als Zweitsitz neben Hamburg.

Bis heute pflegt Rostock viele **Städtepartnerschaften.** Besonders aus den 1960er-Jahren sind viele Verbindungen erhalten. Damals suchte die junge DDR den Kontakt nach Skandinavien und musste dazu die außenpolitische Isolation umgehen.

Nun wird **der Norddeutsche** generell als eher kühl und wortkarg umschrieben. In gewisser Hinsicht trifft das auch auf die Rostocker zu. Lernt man sich jedoch besser kennen, schätzt man die **handfeste, ehrliche und unverfälschte Mentalität.** Schließlich seien die Rostocker so etwas wie Südschweden, wie viele Berliner Gäste gern betonen. In der DDR-Zeit kamen viele Thüringer, Sachsen und Brandenburger beruflich an die See und blieben. Somit sind die Rostocker ein buntes Gemisch; eine einzige Mentalität lässt sich nur schwer festmachen. **Platt snacken** leider nicht mehr viele, auch wenn Mecklenburg-Vorpommern sogar eine plattdeutsche Version seiner Verfassung besitzt. Es gibt viele Initiativen, die alte Sprache zu erhalten, jedoch wird im Allgemeinen meist Hochdeutsch gesprochen. Die eine oder andere Wendung hat sich dennoch in den Alltag eingeschlichen. Am Ende dieses Buches könnte also stehen: Kiek mol wedder in!

Der Segelsport hat eine lange Tradition an der Warnow

FC Hansa Rostock – die Kogge auf Kurs?

Im Jahr 1954 hatte man die Fußballmannschaft des **BSG Empor Lauter** aus dem Erzgebirge an die Ostsee delegiert. Diese Entscheidung erfolgte „von oben“, also durch die Sportförderung der DDR. In der Oberliga, der höchsten Spielklasse der DDR, spielten viele sächsische, jedoch keiner der Ostsee-Klubs. So hielt man es für angebracht, die Mannschaft aus Lauter zukünftig von Rostock aus agieren zu lassen. Diese **Umsetzung einer Fußballmannschaft** war kein Einzelfall in der damaligen Zeit. So spielte man nun als Empor Rostock im gerade fertiggestellten Ostseestadion im Hansaviertel.

Elf Jahre später, im Jahr 1965, wurde der 1. FC Hansa Rostock dann offiziell gegründet. Der **Name „Hansa“** und das **Symbol der Kogge** im Vereinswappen waren das Ergebnis einer Umfrage unter den Rostocker Bürgern. In den 1950er- und 1960er-Jahren galt Hansa Rostock als der ewige Zweite in der Meisterschaft und im Pokal. Die großen Erfolge kamen mit der Wiedervereinigung. Als letzter DDR-Meister stieg der Verein schnell in die **Erste Bundesliga** auf und auch wieder ab, blieb dann aber zwischen 1995 und 2005 erstklassig. Seitdem schlingert die Kogge auf ihrem Kurs; aktuell findet man sich in der **dritten Liga** wieder. Neben dem sportlichen Misserfolg der vergangenen Jahre plagen den Verein auch eine zunehmend aggressiv ausgelebte Fankultur und finanzielle Engpässe. So wünschen sich die Rostocker mal wieder ein paar positive Schlagzeilen über ihren Heimatverein. Aber auf eine Flaute folgt meist wieder eine frische Brise und so hält sich die Hansa-Kogge auf Kurs.

Rostock entdecken

Stadtspaziergang

Das Zentrum Rostocks ist relativ kompakt; so lassen sich die schönsten Ecken gut an einem Tag **zu Fuß** entdecken. Ein guter **Startpunkt** für eine zwei- bis dreistündige Erkundung ist der belebte **Neue Markt** (1) mit seinen prächtigen Fassaden und dem **Rathaus** (2), wo bis heute das politische Herz der Stadt schlägt. Hier kann man sich an den **Ständen des Wochenmarkts** (s. S. 61) mit Vitaminen in Form von Früchten und anderen Leckereien versorgen oder die Stadtentdeckung gestärkt bei einem Besuch im Burwitz Legendär (s. S. 67) vorbereiten.

Die Häuserfronten auf der westlichen Platzseite sind ein beliebtes Fotomotiv. Auch die große **Marienkirche** (3) rückt bereits ins Blickfeld. Umrundet man das Rathaus über die Große Wasserstraße [I E/F3], fällt der Blick auf eines der schönsten alten Bürgerhäuser der Stadt: das **Kerkhoffhaus** (4). Heute befinden sich hier das Standesamt sowie das Stadtarchiv.

Über die kleine Straße An der Hege geht es am Rande des Neuen Markts vorbei in die östliche Altstadt. Man hält sich rechts und flaniert durch die Straßen **Vogelsang und Krämerstraße** [I E/F2], wendet sich an der Grubenstraße links und biegt an der nächsten Ecke in die Straße Beim Waisenhaus ein.

So gelangt man zum **Kloster St. Katharinen** (5). Die hier ansässige **Hochschule für Musik und Theater** verfügt über einen hochkarätigen Konzertkalender. Die Atmosphäre des alten Klosters wirkt nicht nur auf die Studenten inspirierend.

Bergan erreicht man über die Straße Amberg bald den Alten Markt mit der **Petrikirche** (6). Die **östliche Altstadt** gilt heute als eines der beliebtesten Wohnviertel der Stadt mit ihren kleinen, alten Häusern und Kopfsteinpflasterstraßen. Der Blick auf die Altstadt vom Turm von St. Petri ist ein lohnender Zwischenstopp. Gegenüber ist mit dem **Ursprung** (s. S. 80) die wohl bekannteste Kleinkunstbühne Rostocks zu Hause. Die Straßen der Altstadt sind nach früheren **Handwerksberufen** benannt, so z. B. Lohgerber- und Wollenweberstraße. Dazu passt der Schutzpatron des zweiten Gotteshauses in der Altstadt, der **Nikolaikirche** (7), zu der man über die Altschmiedestraße [I F2/3] gelangt: Sie ist nach dem hl. Nikolaus benannt, den v. a. Handwerker verehrten. Über Am Wendländer Schilde kommt man zur Grubenstraße [I F3], der alten Grenze zwischen östlicher Altstadt und Mittelstadt. Ein Nebenarm der Warnow floß bis ins 19. Jh. hier hindurch und versorgte die Altstädter mit Wasser. Oberhalb der Grubenstraße umschließt nach wie vor die alte **Stadtmauer** (8) die stolze Hansestadt. Vom idyllischen Viergelindenplatz aus genießt man bei einer Kaffeepause, z. B. im **Café in der Likörfabrik** (s. S. 69), eine wunderbare Sicht auf die Backsteinbefestigung mit dem **Kuhtor** [I F3].

Ein Stück weiter in westliche Richtung entlang der Stadtmauer erreicht man rasch das **Steintor** (9). Das Ensemble des trutzigen Tors mit seiner

Routenverlauf im Stadtplan

Der hier beschriebene Spaziergang ist mit einer farbigen Linie im Stadtplan eingezeichnet.

reichen Stadtfassade und dem ehemaligen Parlamentsgebäude **Ständehaus** ⑩ mit seinen vielen neugotischen Dekorationen ist vom angrenzenden **Rosengarten** [I E3] aus besonders sehenswert. Dieser kleine städtische Park mit seinem hübschen **Springbrunnen** eignet sich besser für einen Spaziergang, als der Wallstraße zu folgen. Am anderen Ende des Gartens ist die reizende Figur „Die Trinkende“ mit ihrer Wasserschale ein beliebtes Fotomotiv. Die Hermannstraße [I D3/4] überquerend, geht es Richtung Nordwesten weiter durch die **Wallanlagen** [I C/D3]. Sie wurden bereits im 19. Jh. zu reizvollen Grünanlagen umgestaltet, durch die heute viele Rostocker schlendern, um sich von der Betriebsamkeit der Stadt zu erholen.

Auf Höhe des **Klosters zum Heiligen Kreuz** ⑪ gibt es einen Durchbruch in den idyllischen Hof. Hier ist auch der beste Platz für ein schönes Foto vom Kloster. Das **Kulturhistorische Museum** hat in der gut erhaltenen Anlage ebenso seinen Platz wie eine Reihe von Kunsthandwerkern, wie z. B. die **Galerie Klosterformat** (s. S. 63), und das empfehlenswerte **Café Kloster** (s. S. 69). Im Dezember findet hier im Rahmen des Weihnachtsmarkts (s. S. 10) ein mittelalterlicher Markt statt.

An der Innenseite der Stadtbefestigung führt der Stadtspaziergang durch den Klostergarten weiter Richtung Nordwesten bis zum **Kröpeliner Tor** ⑫ am westlichen Ende der Fußgängerzone, die wir später noch durchqueren werden.

Vorbei am **Brunnen Sieben Schwestern** hinter dem Einkaufszentrum **Kröpeliner Tor Center** (s. S. 62) überquert man nun die große Kreuzung Lange Straße/Am Kanonsberg [I C2]

010ro Abb.: tm

Die Trinkende von Victor Seifert ist eine von zahlreichen Plastiken entlang der Wallanlagen [I C/D3]

und gelangt über die gegenüberliegende Grünanlage zur alten **Fischerbastion** ⑬. Weiter gen Norden erstreckt sich der **Stadthafen**, wo man ein bisschen Meeresluft schnuppern und die historischen Schiffe bewundern kann. Nach einer Stippvisite an der **Kaikante** kommt man über die Strandstraße [I D1] in die nördliche Altstadt und von dort wieder zurück in den Stadtkern. Dabei führt der Weg über die **Wokrenterstraße** ⑭, wo viele der **alten Giebelhäuser** wiederhergerichtet wurden. Einen interessanten Einblick in die Bauweise der Kaufmannshäuser zur Hansezeit (s. S. 7) bietet das dortige **Hausbaumhaus.** Von hier sind es über die Treppen an der Straße An der Oberkante nur wenige Schritte bis zur **Langen Straße** ⑮, die breite Magistrale Rostocks aus den 1950er-Jahren mit ihren Geschäften, Restaurants und Cafés. Der Blick auf die **Westfront der Marienkirche** ③ ist von hier aus besonders beindruckend. Auf Höhe der Straßenbahnhaltestelle überquert man die Lange Straße.

Vorbei am großen Kaufhaus an der Ecke Breite Straße [I D2] gelangt man zum Herz der Stadt, dem **Universitätsplatz** 16. Eine kleine Pause am **Brunnen der Lebensfreude** ist ideal, um einen Blick auf einige der schönsten Sehenswürdigkeiten der Stadt zu werfen, etwa das **Fünfgiebelhaus** 17 und den **Barocksaal** 20. Nach einem Abstecher zum **Hauptgebäude der Universität** 18 und zum **Blücher-Denkmal** 19 im Westen des Platzes erreicht man Richtung Osten wieder die **Fußgängerzone**, die **Kröpeliner Straße** 21. Sie ist heute der geschäftige Boulevard der Stadt. Hier locken die **Boutiquen** zu einem Einkaufsbummel, Straßenmusiker und Künstler beleben das Bild. Für den schnellen Hunger zwischendurch gibt es Eis, Bratwurst und Fischbrötchen an Straßenständen auf die Hand oder man kehrt im Imbiss **Portola** (s. S. 70) in der Galerie Rostocker Hof ein.

Auf halbem Wege zurück zum Neuen Markt befindet sich die **Stadtbibliothek** 22 in einem gut erhaltenen historischen Bürgerhaus. Glänzender Schlusspunkt eines Altstadtspaziergangs sollte die nördlich der Kröpeliner Straße gelegene **Marienkirche** mit ihrer prächtigen Innenausstattung und der berühmten astronomischen Uhr (s. S. 31) sein.

Erlebenswertes im Zentrum

1 Neuer Markt ★★★ [I E2]

Wo sich einst Händler trafen, um Fisch, Gemüse und andere Waren feilzubieten, da wird auch heute noch wochentags an verschiedenen Ständen Frisches und Schmackhaftes angeboten. Nach dem Zusammenschluss von Altstadt, Mittelstadt und Neustadt im Jahr 1265 entwickelte sich der Neue Markt neben der Marienkirche zum zentralen Treffpunkt der Hansestadt.

Mit dem Einzug der Stadtverwaltung in das neue Rathaus 2 im späten 13. Jh. zogen wohlhabende, einflussreiche Bürger an den Neuen Markt. Sie ließen sich **prächtige Giebelhäuser** an dem mit 80 mal 90 m

012ro Abb.: tm

nahezu quadratischen Platz bauen. Von den ehemals 34 Giebelhäusern aus vielen Epochen der Stadtgeschichte rund um den Markt überstanden nur sieben die Zerstörungen des Zweiten Weltkriegs. Die stark zerstörte Nordseite wurde in den 1950er-Jahren abgerissen und gab den Blick in die Lange Straße 15 frei. Derzeit wird kontrovers über die **Neubebauung der Nordseite** diskutiert. In nicht allzu ferner Zukunft soll die Lücke geschlossen werden und auf diese Weise wieder das Bild eines vollständig umbauten Markts entstehen.

Auch die **Westseite** wurde stark beschädigt. Viele Bauten konnten hier jedoch rekonstruiert oder restauriert werden. In der **südwestlichen Ecke** mit den Adressen Neuer Markt 9 und 10, entstanden in den 1950er-Jahren nach dem Vorbild der an dieser Stelle im Krieg zerstörten Häuser zwei Neubauten. Besonders auffällig ist die weiße **Neorenaissance-Fassade des Hauses Nr. 12**, deren Ursprünge jedoch bis ins Mittelalter reichen. Hier befand sich das landwirtschaftliche Rechnungsbüro Brandenburg & Peuß, deren Initialen nach wie vor am Giebel zu sehen sind.

In Anlehnung an sein ursprüngliches Aussehen wurde auch das **Haus Nr. 13** restauriert. Bereits 1542 wurde hier eine **Ratsapotheke** erwähnt. Der spätmittelalterliche Vorgängerbau musste 1745 umgebaut werden und erhielt so eine barocke Fassade. Das heutige Erscheinungsbild kommt dem damaligen Umbau sehr nahe. Das benachbarte gelbe Haus mit der eher schlichten klassizistischen Fassade verbirgt ebenfalls einen mittelalterlichen Kern.

Zwischen den Häusern Nr. 14 und 15, einer wenig originalen Rekonstruktion aus dem Jahr 1965, beginnt die **Kröpeliner Straße** 21. Ein Löwe schmückt den **ältesten Giebel** am Markt (Nr. 16). Bereits um 1280 entstanden Teile des Gebäudes, das Ende des 16. Jh. umgebaut wurde und 1600 seinen Renaissancegiebel erhielt. 1936 erwarb der Gastwirt August Burwitz das Haus und eröffnete eine Gaststätte. Das Gebäude wurde nach dem Krieg wieder aufgebaut; nach erneuter Sanierung eröffnete hier 2010 das **Burwitz Legendär** (s. S. 67).

Dreht man sich vor dem Haus Burwitz stehend um und geht genau 15 Schritte Richtung Platzmitte, entdeckt man einen unscheinbaren roten Stein im Boden. Der **Blut- oder Sühnestein** erinnert an eine grausige Mordtat. Nach einer Hochzeit im Rathaus soll hier die Braut von ihrem verschmähten Nebenbuhler getötet worden sein. Wie viel davon Legende ist, ist unklar. Solche Sühnesteine waren jedoch durchaus gebräuchlich.

In der **nordwestlichen Ecke** des Neuen Markts steht seit 2001 der **Möwenbrunnen** des Bildhauers Waldemar Otto. Die Skulpturen der griechischen Meeresgötter stehen symbolisch für die Nähe der Stadt zur See. Die Rostocker stören sich bisweilen am düsteren Blick und der unbekleideten Darstellung der Figuren, aber der Brunnen dient seither als beliebter Treffpunkt.

Die **Ostseite** des Platzes wird vom Rathaus dominiert. Blickt man gen Süden, fällt der Blick auf das **ehemalige Postgebäude** (Nr. 3–8). In den 1950ern erbaut, hat man in den

Die bunten Giebel der Bürgerhäuser und die Marienkirche 3 schmücken die Westseite des Neuen Markts

Das gibt es nur in Rostock

- *Seit bald 550 Jahren ist die* ***astronomische Uhr*** *(s. S. 31) in der* ***Marienkirche*** *(3) in Betrieb und funktioniert noch immer tadellos. Die ebenso exakten wie kunstvollen Anzeigen im Kalender sorgen für ehrfürchtiges Staunen bei den Besuchern ob der Kundigkeit der alten Meister. Wenn beim Apostelumgang zur Mittagszeit der* ***Judasfigur*** *die Himmelstür ins Gesicht schlägt und ihm der Zutritt verweigert wird, sieht man, dass bei aller Wissenschaftlichkeit der Humor nicht auf der Strecke blieb.*
- *Fisch muss schwimmen! Zur Not auch in Schnaps. Also spült man in Rostock eine gute Fischmahlzeit mit einem Schluck* ***Doppelkümmel*** *herunter. Die* ***traditionelle Marke Lehment*** *wird wegen des hübschen Trachtenpärchens auf der Flasche auch einfach als „Mann un Fru" geordert. Im Traditionslokal* ***Zur Kogge*** *(s. S. 68) und in den meisten Altstadt-Restaurants kann die Spezialität verkostet werden.*
- *In* ***Warnemünde*** *steht am Neujahrstag der* ***Leuchtturm in Flammen*** *(s. S. 8) – nicht etwa die missliche Nachwirkung des mitternächtlichen Feuerwerks, sondern eine beeindruckende Show aus Licht und Musik, die rund um den Warnemünder Leuchtturm (29) stattfindet. Bis zu 90.000 Besucher pilgern jedes Jahr in das Ostseebad, um die Inszenierung des Turmleuchtens live mitzuerleben.*
- ***Robben und Seehunde*** *in der Ostsee? Das scheint ein Bild vergangener Tage, gelten sie doch bei uns fast als ausgerottet. In der* ***Robbenforschungsstation Warnemünde*** *(s. S. 59) in Hohe Düne ergründet die Universität Rostock das Orientierungsvermögen der putzigen Tiere. Ganz Mutige können sogar mit den flinken Schwimmern ein paar Runden drehen.*

Meisterlich: die astronomische Uhr von 1472 in der Marienkirche (3)

011ro Abb.: tm

013ro Abb.: tm

Von hier aus wird Politik gemacht: das Rathaus am Neuen Markt ❶ ist Sitz des Oberbürgermeisters

Arkaden und Giebeln alte Stile kopiert. An der Ecke Steinstraße/Neuer Markt [I E3] stand einst das Kaufmannshaus der Familie Mann, das 1942 Opfer der Bomben wurde. Das markante Hotel Sonne (Haus Nr. 2) ersetzt seit den 1970er-Jahren einen historischen Vorgänger, die ehemalige Fürstenherberge am Neuen Markt. Von Montag bis Samstag wird ein großer Teil des Platzes durch den **Wochenmarkt** (s. S. 61) genutzt, welcher von Einheimischen und Touristen gleichermaßen geschätzt wird.

› Tram 1, 4, 5, 6 bis Neuer Markt

❷ Rathaus ★★★ [I E2]

Auf der Ostseite des Neuen Markts entstand nach der endgültigen Vereinigung der Teilstädte im 13. Jh. ein neues Rathaus, das Macht und Ansehen verkörpern sollte. Hinter dem barocken Vorbau des frühen 18. Jh. verbergen sich noch immer drei nebeneinanderliegende Häuser.

Zwei Giebelhäuser wurden bereits um 1230 erbaut und bilden den Kern des Rathauses. Ein **drittes Gebäude**

EXTRATIPP

Rückzugsorte

Morgenmuffel und Menschen, die gern in Ruhe die Zeitung in Gänze studieren, finden in Rostock passende Plätzchen. Das Café **A Rebours** (s. S. 68) in der östlichen Altstadt ist eine solche Oase, aber auch im **Café Käthe** (s. S. 69) ist man am Vormittag oft ungestört.

An schönen und sonnigen Tagen kann man sich auf einer Bank oder auf dem Rasen im **Rosengarten** [I E3] ausstrecken und in die Sonne blinzeln; hierfür ist auch die **Uferpromenade in Gehlsdorf** [bh] optimales Terrain.

kam um 1300 hinzu. Anschließend wurden die Gebäude mit der aus Backstein errichteten **spätgotischen Schaufront** optisch zusammengefasst. Von ihr ist nur der obere Teil mit den sieben Fialtürmchen sichtbar. Der untere Teil wird von dem **dreigeschossigen Barockbau** verdeckt, der nach den Plänen des sächsischen Baumeisters Zacharias Voigt als Ersatz für die baufällige gotische Laube 1727–29 errichtet wurde. Der ungewöhnliche Stilmix macht das Rathaus zum Unikat, wenn auch der verspielte französische Barock im starken Gegensatz zur strengen Gotik steht.

Typisch Backsteingotik: der mächtige Westturm der Marienkirche

014ro Abb.: fo © AndreasJ stock.adobe.com

Um eine **Säule** vor dem Eingang windet sich eine **Schlange**, welche die Ratsherren mahnt, sich gescheit und ehrlich zu verhalten. Sie ist ein beliebter **Glücksbringer** für Rostocker und Besucher gleichermaßen. Die Vorgänger wurden allerdings gestohlen und somit präsentiert sich hier die fünfte Schlange, angebracht 1998. Die vierte Schlange wurde vom Delinquenten reumütig per Post an die Stadt zurückgeschickt und wird nun sicher in den Räumen des Oberbürgermeisters aufbewahrt.

Das Rathaus ist **öffentlich zugänglich.** Hier werden auch heute noch die städtischen Geschicke geleitet. In der **Haupthalle** befindet sich ein bronzenes Modell der Stadt aus der Zeit um 1700. Stelen präsentieren die Namen der Partnerstädte Rostocks (s. S. 21). In einem Nebenraum sind noch gut erhaltene, farbige Deckenbalken und das **Wandbild einer Holk** (eines der Kogge ähnlichen Handelsschiffs) zu sehen. Es gibt nach wie vor einen klassischen Ratskeller mit Gastronomie unter dem Rathaus. Die historischen Räumlichkeiten sind einen Blick wert. Der Ratskeller diente früher auch der Ausnüchterung nächtens aufgegriffener Trunkenbolde oder sonstiger Störenfriede. Diese fanden sich dann im **Brummbärenloch**, einer kleinen, öffentlich einsehbaren Arrestzelle, wieder. Aus dem Schatten der Rathausarkaden genießt man einen schönen Blick auf den Markt.

Vor dem Rathaus, unter den Arkaden, wurde **Gericht** gehalten. Ein großes **Wandgemälde** mit Jesus als Weltenrichter diente als Hintergrund für den Richtertisch. Auch heute noch kann man die aufwendige Malerei an der Wand neben dem Eingang zum Rathaus bewundern.

Rund um das Rathaus sind Erweiterungsbauten aus verschiedenen Epochen zu sehen. Besonders erwähnenswert ist das restaurierte **Renaissanceportal** in der Großen Wasserstraße [I E/F3].

› Neuer Markt 1, Tram s. Neuer Markt ❶, http://rathaus.rostock.de, Mo.–Fr. min. 9–18 Uhr, Eintritt frei zur Rathaushalle

❸ Marienkirche ★★★ [I E2]

Der Rostocker Schriftsteller Walter Kempowski beschreibt die Marienkirche in seinem Roman Tadellöser & Wolff als „klotzig". Er nennt sie ein „Bau-Ungetüm [...], oben rasch und behelfsmäßig mit einem hühnerkopfähnlichen Helmchen abgeschlossen". Der Eindruck ist richtig.

St. Marien ist die **größte der Rostocker Kirchen** und auch die einzige, die den Zweiten Weltkrieg fast unbeschadet überstanden hat. Nach Baubeginn 1232 stellte man rasch fest, dass der Baugrund für die geplante Basilika mit Doppelturmanlage nicht geeignet war. Als sie 1440 geweiht wurde, hatte man auf die Türme verzichtet und das Querschiff im Hinblick auf die Stabilität besonders groß angelegt – daher die von Kempowski benannte „klotzige" Form. Im Hagel der Brandbomben des Zweiten Weltkriegs bewies der **Turmdiener Friedrich Bombowski** besonderen Mut und erstickte die meisten Phosphorbomben mit Sand. Er bewahrte die Kirche vor größerem Unheil.

Heute ist die Marienkirche eine der bedeutendsten Attraktionen Rostocks. Beachtenswert ist vor allem die gut erhaltene Innenausstattung. Die **barocke Orgel** von 1770 mit ihren gut 5700 Pfeifen und 83 Registern wird auch heute noch regelmäßig bespielt. Sie ist das größte Werk des Mecklenburger Orgelbauers Paul Schmidt (um 1715–1798).

Die **astronomische Uhr** von 1472 mit ihren funktionellen Anzeigen ist das **bekannteste Ausstattungsstück** der Kirche (s. S. 31). Das Taufbecken von 1290 ist zusammen mit einer Glocke aus demselben Jahr das älteste erhaltene Requisit der Kirche. Kurios sind die **Gedenksteine** im Kirchenboden mit ihren durchgestrichenen Namen: Die Rostocker waren schon immer pragmatische Leute und haben diese Steine schlicht mehrfach verwendet. Die **Renaissancekanzel** von 1574 wird nach wie vor genutzt und stammt vom Meister Rudolf Stockmann aus Antwerpen. Hauptaltar und Fürstenloge datieren wie die Orgel auf das 18. Jh. und sind ebenfalls im Barockstil gehalten. Beim Rundgang durch die Kirche fällt ferner der hier **untergestellte Altar der Nikolaikirche** ❼ auf. Er wurde vor den Luftangriffen aus dem altstädtischen Gotteshaus gerettet. Seitdem fehlt leider die Figur des hl. Nikolaus.

St. Marien ist auch heute noch die Hauptkirche der Stadt und wird für große Veranstaltungen wie die feierliche Immatrikulation der neuen Studenten genutzt.

Am **Eingang** können die Besucher ein **Informationsblatt** mit den wichtigsten Daten zu den Ausstattungsstücken leihen. **Kirchenführungen** werden regelmäßig angeboten.

› Bei der Marienkirche 1/Ziegenmarkt, Tram s. Neuer Markt ❶, www.marienkirche-rostock.de, Mai–Sept. Mo.–Sa. 10–18, So. 11.15–17, Okt.–Apr. Mo.–Sa. 10–16, So. 11.15–12.15 Uhr, Eintritt frei (Spende in Höhe von 1,50 € erbeten), **Führungen** Mai–Okt. Mo.–Sa. 11 Uhr

› **Astronomische Uhr** (s. S. 31)
› **Orgel,** Mai–Sept. Mo.–Sa. 12 Uhr nach dem Apostelumgang an der astronomischen Uhr, kostenfreies Orgelkonzert Mai–Sept. Mi. 18 Uhr, siehe Hinweistafel vor der Kirche

4 Kerkhoffhaus ★★ [I F3]

Hinter dem Rathaus 2 verbirgt sich dieses kleine Schmuckstück. Der reichlich dekorierte, siebenachsige Staffelgiebel zeugt noch heute davon, dass hier einst ein **wohlhabender Patrizier** sein Heim hatte. Der Rostocker Bürgermeister **Bertold Kerkhoff** (niederdeutsch für „Kirchhof") ließ es sich im Jahr 1470 erbauen. Die Familie Kerkhoff bestimmte über viele Jahrhunderte die Politik der Stadt mit und stellte etliche Ratsmitglieder und Bürgermeister.

Durch eine Umgestaltung in der ersten Hälfte des 16. Jh. erhielt das Haus, dessen Kern aus der **Spätgotik** stammt, eine eindrucksvolle **Backsteinfassade** mit glasierten Schmucksteinen. In der Renaissancezeit wurde auch der **Terrakottaschmuck** in Form von Medaillen und Friesen hinzugefügt. In den Giebelspitzen entdeckt man behelmte Krieger und ganz oben eine Kreuzigungsdarstellung. Vermutlich kamen die Schmuckelemente damals aus Italien. Nach einer Zwischennutzung als Bierhandlung, der Zerstörung im Krieg 1942 und dem Wiederaufbau befinden sich hier heute das **Standesamt** der Hansestadt und das **Stadtarchiv.** Im Stadtarchiv sind u. a. über 3000 Urkunden, 22.000 Bilder und 2500 laufende Meter Amtsbücher eingelagert. Das wohl berühmteste Stück ist die **Vicke-Schorler-Rolle,** eine ca. 18 m lange Rolle aus zusammengesetzten Blättern mit Federzeichnungen von den Häusern der Stadt. Der Kaufmannssohn **Vicke Schorler** (um 1560–1625) hat darin seine Stadt im ausgehenden 16. Jh. detailliert porträtiert. Eine einzigartige Arbeit, die auch noch heute für die Stadtplaner ein wichtiges Hilfsmittel ist.

› Hinter dem Rathaus 5, Tram s. Neuer Markt 1, http://rathaus.rostock.de/stadtarchiv, Lesesaal Mo.–Do. 9–12, Mo. auch 13–16, Di./Do. auch 13–18 Uhr

5 Kloster St. Katharinen (Hochschule für Musik und Theater) ★★ [I F2]

Das **Stift St. Katharinen** entstand zwischen 1223 und 1243 als **Franziskanerkloster,** das sich besonders in der Armenfürsorge engagierte. Nach der Reformation mussten die letzten verbliebenen Bettelmönche das Kloster verlassen. In den folgenden Jahrhunderten zogen ein Armen- und ein Waisenhaus, später auch ein Zucht-

016ro Abb.: tm

Das historische Kerkhoffhaus 4 ist heute Standesamt und Stadtarchiv

Die astronomische Uhr in der Kirche St. Marien

Die mächtige ***Marienkirche*** *3 ist eine der Hauptattraktionen der Stadt. In ihrem Inneren erwartet den Besucher ein einzigartiges* ***technisches Wunderwerk.*** *Die astronomische Uhr wurde im Jahre 1472 fertiggestellt und funktioniert bis heute tadellos. Damit ist sie eine der wenigen Uhren ihrer Art, die noch alle originalen Teile besitzt. Das Uhrwerk mit seinen Zahnrädern wird täglich aufgezogen.*

Auf der neben der Uhr angebrachten Tafel oder im Rahmen einer Führung erfährt man mehr über den Mechanismus und die Anzeigen. So liest man z. B. die Zeit auf einer ***24-Stunden-Skala*** *ab. Außerdem zeigt die Uhr nur die aktuelle Stunde an – Minuten und Sekunden waren damals weniger wichtig als heute.* ***Sonnen- und Mondzeiger*** *veranschaulichen die aktuelle Position der beiden und die augenblickliche Mondphase. Stehen sie sich gegenüber, ist Vollmond. Viele Angaben sind astronomischer und astrologischer Natur. Im* ***Ring der Tierkreiszeichen*** *steht der Sonnenzeiger jeweils im aktuellen Sternzeichen. Der untere Teil der Uhr wird vom* ***Kalendarium*** *eingenommen. Hier lassen sich eine Menge Daten ablesen, etwa der Tagesheilige, der Wochentag, kirchliche Feiertage und vieles mehr. Einiges erschließt sich auf den ersten Blick, während andere Anzeigen nur vom Kundigen abgelesen werden können. Unvermittelt staunt man über die Meisterhaftigkeit der alten Uhrmacher und deren universelle Kenntnisse verschiedenster Wissenschaften.*

Um die ***Mittagszeit*** *wird es rund um die astronomische Uhr eng. Viele Besucher und Gruppen kommen hierher, um den* ***Apostelumgang*** *zu erleben. Im oberen Teil bewegen sich Apostel an einer Jesus-Figur vorbei und werden gesegnet, dazu schlägt die Uhr. Die letzte Figur ist Judas. Spannend ist es zu sehen, was mit ihm passiert* *(s. S. 26)**. Im Anschluss kann man zum Mittagsgebet in der Kirche bleiben und die* ***Orgel*** *(s. S. 30)* *spielen hören. Kirchengemeinde und Förderer hoffen, dass die astronomische Uhr es in den nächsten Jahren auf die Weltkulturerbeliste der UNESCO schafft.*

› ***Weitere Infos:*** *www.astronomischeuhr.de*
› ***Apostelumgang,*** *tgl. 12 Uhr*

015ro Abb.: tm

und Werkhaus und sogar ein Lazarett in das Katharinenkloster ein. Der große Stadtbrand von 1677 beschädigte den Klosterbau schwer. Nur Teile des Chors und Reste des Mittelschiffs blieben erhalten. Noch im 20. Jh. beherbergten die Räume ein **Altersheim.** Trotz ständiger Umbauten ist einiges der ursprünglichen Bausubstanz erhalten geblieben. Nach umfangreicher Sanierung ab 1995, bei der auch Teile der ersten Bauphase freigelegt werden konnten, und dem Bau neuer Gebäudeteile zog 2001 die **Hochschule für Musik und Theater** (**HMT**) ein. Heute studieren hier über 400 junge Leute aus aller Welt Musik, Musikpädagogik und Schauspiel.

› Amberg/Beim St.-Katharinenstift 8, Tram s. Neuer Markt 1, www.hmt-rostock.de, Tel. 51080

EXTRATIPP

Schöne Aussichten

Ein **Blick aus der Vogelperspektive** ist eine beliebte Variante der Stadtentdeckung. Rostock bietet zwei empfehlenswerte Möglichkeiten, um hoch hinaus zu gelangen und die Stadt von oben zu betrachten. Vom **Aussichtsturm der Petrikirche** 6 eröffnet sich ein Panorama von der Altstadt und den Wohnquartieren Rostocks sowie von der grünen Umgebung. Richtung Norden reicht der Blick die Warnow entlang bis zum Überseehafen und zur Warnemünder Werft.

Zum Aufstieg auf den **Leuchtturm in Warnemünde** 29 müssen 135 Stufen erklommen werden. Aus 25 m Höhe blickt man hinunter auf Promenade, Alten Strom 26 und Strand. An klaren Tagen reicht die Sicht weit über die Ostsee bis nach Dänemark.

6 Petrikirche und Slüter-Denkmal ★★★ [I G2]

Auf einer kleinen Anhöhe, rund 12 m über dem Fluss Warnow, steht heute die Petrikirche – genau dort, wo deutsche Kaufleute einst den Grundstein für die 1218 neu gegründete Stadt Rostock legten.

Am **Alten Markt** entstand um 1252 die **erste hölzerne Pfarrkirche** der Altstadt, die dem **Schutzpatron der Fischer** gewidmet wurde. Von diesem Gebäude ist nichts erhalten geblieben. Mit dem Bau der dreischiffigen Basilika ohne Querschiff, die heute über der Altstadt thront, wurde um 1330 begonnen. Nach einem Blitzschlag, der den Turm zerstörte, erhielt St. Petri Ende des 16. Jh. seinen damals 126 m hohen Turm, der bis zur Zerstörung 1942 als Orientierungspunkt für Seefahrer und Reisende diente.

Viele Jahre mussten die Rostocker mit dem Bild des notdürftig verschlossenen Turms leben. Zahlreiche Spenden ermöglichten 1994 den Bau eines neuen Turmhelms und so ist die Petrikirche heute mit einer Höhe von 117 m wieder das **höchste Gebäude der Altstadt.** Bei der aufwendigen Aktion wurde der Turm in drei Teilen mithilfe eines Krans aufgesetzt. Mit dem letzten Teilstück fuhr auch der Pastor nach oben und brachte den erhalten gebliebenen Turmhahn wieder an. Ein eingebauter **Fahrstuhl** ermöglicht eine bequeme Auffahrt auf die **Aussichtsplattform** in 45 m Höhe. Wer möchte, kann aber auch die enge, alte Treppe mit ihren 196 Stufen erklimmen.

Das Feuer nach den Bombenangriffen im April 1942 zerstörte außerdem Teile des Mittel- und des südlichen Seitenschiffs. So verbrannten u. a. die Renaissancekanzel, die Orgel und der

Von Rostockern, die sich anschickten, die Welt zu verändern

- **Vicke Schorler** (um 1560–1625): Kaufmann, Chronist und Zeichner der Vicke-Schorler-Rolle mit einzigartigen Stadtansichten, heute zu finden im Stadtarchiv im Kerkhoffhaus 4
- **Gebhard Leberecht von Blücher** (1742–1819): preußischer Generalfeldmarschall gegen Napoleon, Ehrenbürger Rostocks seit 1816, geehrt auch mit dem Blücher-Denkmal 19
- **John Brinckman** (1814–1870): Verfasser niederdeutscher Erzählungen und Seefahrerromane, z. B. „Kasper Ohm un ick" und „Von Anno Toback ..."
- **Stephan Jantzen** (1827–1913): Warnemünder Seemann, Lotsenbootkommandeur und Seenotretter. Die Deutsche Gesellschaft zur Rettung Schiffbrüchiger (DGzRS) gab ihm zu Ehren einem Rettungskreuzer den Namen „Vormann Jantzen".
- **Albrecht Kossel** (1853–1927): Mediziner, der 1910 den Nobelpreis für Physiologie und Medizin erhielt. Rostock benannte den Platz am Bahnhof nach ihm.
- **Jo Jastram** (1928–2011): Bildhauer, Schöpfer u. a. vom Brunnen der Lebensfreude 16 und der Figurengruppe „Große afrikanische Reise" im Rostocker Stadthafen 13
- **Walter Kempowski** (1929–2007): Schriftsteller und Chronist, seit 1994 Ehrenbürger der Stadt, seit 2002 Träger des Ehrendoktortitels der Universität. Sein Nachlass befindet sich im Kempowski Archiv Rostock (s. S. 73).
- **Joachim Gauck** (geb. 1940): 2012–2017 Bundespräsident, in Rostock aufgewachsen und Pastor in Evershagen, seit 2012 zudem Ehrenbürger Rostocks

Nach der gemalten Vicke-Schorler-Rolle entstand 2006 dieses Bronzerelief der Künstlergruppe MARFA

017ro Abb.: tm

018ro Abb.: tm

Barockaltar. Das **Mittelschiff** bekam im Inneren ein schlichtes Flachdach in 24 m Höhe und die nun geschlossenen Arkaden zu den Seitenschiffen wurden weiß getüncht. Besonders sehenswert sind die **Fenster des Chors,** von dem Rostocker Lothar Mannewitz um 1962 gestaltet, und die **bronzene Eingangstür** von Jo Jastram.

Neben der Kirche, nahe der **Stadtmauer** 8, befinden sich **Grab und Denkmal** für den Reformator **Joachim Slüter** (1490–1532). Der Sohn eines Elbfährmanns kam 1518 nach Rostock und studierte hier Jura, Philosophie und Theologie. 1523 wurde er Kaplan an der Petrikirche und vertrat vehement die reformatorischen Theorien Martin Luthers. Seine niederdeutschen Predigten zogen bald immer mehr Menschen an, sodass er sie schließlich unter freiem Himmel halten musste. 1531 wurde Rostock evangelisch.

› Alter Markt, Tram 1, 2, 3 bis Gerberbruch u. Stadthafen, www.petrikirche-rostock.de, Kirche u. Aussichtsturm Mai–Sept. tgl. 10–18, Okt.–Apr. bis 16 Uhr, Eintritt: Aussichtsturm 3 €

7 Nikolaikirche ★★ [I F3]

Die **wuchtige Kirche** mit ihrem kleinen Turmdach erblickt man schon aus der Ferne. Bei näherer Betrachtung fallen die vielen **roten Geranien** am Dach des Mittelschiffs auf. Sie schmücken im Sommer die Balkone der Bewohner. Die ungewöhnliche Form der Kirche rührt von einer langen Bauzeit vom 13. bis ins 15. Jh. und vielen späteren Veränderungen her. So wurde der **Chor** nachträglich angefügt und bildet heute einen **Schwibbogen** über die Straße. Über diesem Durchgang sieht man eine Darstellung des **hl. Nikolaus,** dem Namenspatron der Kirche, vor der Kulisse der Stadt. Der Heilige wurde besonders von Kaufleuten und Handwerkern verehrt.

Die dreischiffige Hallenkirche wurde – wie viele andere Gebäude der östlichen Altstadt – in den **Vier-Nächte-Bombardements** Ende April 1942 stark beschädigt. Die Regierung der DDR hatte zunächst kein großes Interesse, umfangreiche Mittel für den Wiederaufbau bereitzustellen. Erst 1976, zwei Jahre nachdem die Kirchengemeinden von St. Petri und St. Nikolai zusammengelegt worden waren und die Nikolaikirche somit ihre Funktion verlor, konnte mit finanzieller Hilfe der westdeutschen Kirche eine Grundsanierung begonnen werden. So entstanden im Laufe des Umbaus auf drei Etagen **13 Wohnungen,** die an Kirchenmitglieder vermietet wurden, und **fünf Gästezimmer** – eine Idee, die ihren Ursprung in den Niederlanden hatte. Das Kirchenschiff wird heute für **Konzerte und Theaterveranstaltungen** sowie

Wohnhaus und Veranstaltungsort: die monumentale Nikolaikirche 7

für **Ausstellungen** (Infos s. Website) genutzt, während im Turm die Verwaltungsräume der evangelischen Kirchengemeinde liegen.

Der kleine Pavillon vor der Nikolaikirche heißt **Altstädter Wasserborn** und wurde noch bis in die 1920er-Jahre für die Wasserversorgung der Altstadt genutzt. Heute befinden sich hier die Versorgungsanlagen für die Wohnungen in der Kirche.

Zwischen St. Petri und St. Nikolai erstreckt sich die **östliche Altstadt.** Im Zweiten Weltkrieg stark beschädigt, verfielen die Häuser in 40 Jahren DDR zusehends. Erst in den 1990er-Jahren begann hier die behutsame Sanierung. Heute zählen die **kleinen Gassen** mit ihren **liebevoll restaurierten Häusern** zu den schönsten Ecken der Stadt. Die Straßen der Altstadt tragen überwiegend Namen alter Handwerksberufe.

› Bei der Nikolaikirche 1, Tram 1–3 Gerberbruch, www.nikolaikirche-rostock.de

8 Stadtmauer ★★ [I E3]

Kurz nach der Zusammenlegung der Teilstädte im Jahr 1265 begann der Bau einer Stadtbefestigung mit Mauer, Türmen und Toren. Die ca. 3 km lange und 1,20 m breite Stadtmauer ist aus **Backstein** gefertigt und steht auf einem **Feldsteinsockel.** Auf der Innenseite verlief an einigen Stellen in einer Höhe von 3 m ein hölzerner Umgang, von wo aus der Feind durch Schießscharten ins Visier genommen werden konnte.

Im 19. Jh. wurden große Teile der Befestigung für den Bau neuer Stadtviertel abgerissen und die **Wallanlagen** [I C/D3] zum Park umgestaltet. Dennoch stehen heute noch mehrere Abschnitte, die sich auf insgesamt 1300 m verteilen. Besonders gut ist die Stadtmauer zwischen Rosengarten und Kröpeliner Tor 12 erhalten. Hier sind die halbrunden Ausbuchtungen für die hölzernen Wehrtürme, genannt **Wiekhäuser**, noch sichtbar. Das Kröpeliner Tor stellt den westlichen Eingang in die Stadt dar.

Rostocker 7 – die Glückszahl der Stadt

Die Rostocker sind zwar nicht besonders abergläubisch, aber ihre Glückszahl halten sie in Ehren. Um 1750 wurden die ***„Rostocker Kennewohrn"*** *das erste Mal erwähnt. Sie beziehen sich auf* ***sieben Wahrzeichen,*** *die im Stadtbild auf kuriose Weise hervorstechen:*

„Sieben Türen der St. Marien Kirche
Sieben Straßen
bei dem großen Markt
Sieben Tore, die in das Land führen
Sieben Kaufmannsbrücken
bei dem Strand
Sieben Türme,
die auf dem Rathaus stehen
Sieben Glocken [der sieben Kirchen],
die zugleich schlagen
Sieben Lindenbäume
im Rosengarten
Das sind die Rostocker
Wahrzeichen."

Auch heute noch ist man bestrebt, die Sieben im Stadtbild zu erhalten. Vor dem Rathaus 2 stehen sieben Linden; auch sieben Fahnen wehen dort im Wind. Es gibt einen Heimatverein mit dem Namen „Rostocker Sieben" und auf der Warnow schippert Kapitän Schütt auf seiner „Rostocker 7" die Besucher nach Warnemünde (s. Hafenrundfahrt u. Strandlinie, S. 78).

Geht man vom Steintor 9 aus in östliche Richtung, erreicht man nach wenigen Metern den **Lagebuschturm**, der zeitweilig als Gefängnis diente. Er ist der einzige erhaltene Wehrturm in der Stadtmauer. Einen Steinwurf entfernt steht das quadratische Torhaus des **Kuhtors** [I F3]. Als ältestes Stadttor Mecklenburgs wurde es bereits 1262 erwähnt. Ab dem 14. Jh. wurde hier das Vieh auf die der Stadt vorgelagerten Weiden getrieben. Von den einst so wichtigen Strandtoren, die zum Hafen führten, überstand nur das **Mönchentor** [I E/F1] in der nördlichen Altstadt die Jahrhunderte.

› Tram 1–6 bis Steintor und Kröpeliner Tor
› **Ausdehnung:** zw. Petrikirche, Nikolaikirche, Kuhtor, Steintor u. Kröpeliner Tor

019ro Abb.: tm

⌃ *Zwischen Stadtmauer und Ständehaus steht das trutzige Steintor 9, einst der südliche Eingang zur Stadt*

› *Das Ständehaus am Rosengarten ist Sitz des Oberlandesgerichts*

9 Steintor ★★★ [I E3]

„Sit intra te concordia et publica felicitas." – „In deinen Mauern herrsche Eintracht und allgemeines Wohlergehen." Diese Worte an der Stadtseite des Steintors richten sich an die Bürger der Stadt Rostock.

Das Steintor ist eines von nur vier erhaltenen, **einst 22 Stadttoren.** Das erste gotische Tor entstand bereits um 1270. Seine wehrhafte, eher schlichte Form im Stil der **holländischen Backsteinrenaissance** erhielt es 1574–77, nachdem der Herzog von Mecklenburg das alte Tor nach einem Konflikt mit der Stadt hatte schleifen lassen. Als größtes der landseitigen Stadttore gehörte es zu den wichtigsten Stadteingängen.

Auf der **schlichten Feldseite** sind noch heute die hakenförmigen Granitsteine erkennbar, zwischen denen das Fallgatter geführt wurde. Die der Stadt zugewandte Seite ist wesentlich aufwendiger gestaltet. Vielleicht, so ließe sich vermuten, wollte man dem Herzog beim Einzug in die Stadt optisch die kalte Schulter zeigen – so kommt es dem heutigen Betrachter durch den Kontrast von Außen- und Innendekoration jedenfalls vor. Auf der **Stadtseite des Tors** fallen **drei Wappen** auf, die von der Stadt im Laufe der Zeit genutzt wurden: der Greif, der Stierkopf und das dreifarbige Schild mit dem Greif im oberen Feld. Unterhalb der Wappen mahnt der eingangs zitierte lateinische Spruch zu einem harmonischen Miteinander in der Stadt. Die **Figur mit dem Rundschild** in der Mitte soll laut Legende einen Ratsherrn darstellen, der Rostock an den Herzog verraten hatte und zur Strafe im nahe gelegenen Lagebuschturm im Verlies einsaß. Sein Konterfei am wieder erbauten Tor diente folglich als Warnung an die Ratsherren, sich loyal gegenüber ihrer Stadt zu zeigen. Nach der Beschädigung im Zweiten Weltkrieg wurde das Steintor als eines der ersten historischen Gebäude der Stadt wieder aufgebaut. Seitdem folgten mehrere Sanierungen. Vorhandene Innenräume werden heute nicht genutzt.

› Steinstr./Ecke Wallstr., Tram 1–6 bis Steintor

10 Ständehaus ★★ [I E3]

Der große **neugotische Backsteinbau** neben dem Steintor 9 wurde zwischen 1889 und 1893 nach Entwürfen von Gotthilf Ludwig Möckel, dem großherzoglichen Hofbaumeister, errichtet. Die Front wurde reich dekoriert; hierfür verwendete man zweifarbige, d. h. reguläre und glasierte Backsteine. An der **Fassade** lassen sich vier überlebensgroße Bronzeplastiken mecklenburgischer Herzöge sowie viele **Erker, Türmchen und Mosaiken** entdecken. Im Historismus war es üblich, alte Baustile wieder zu verwenden und zu ergänzen. So brachte der Baumeister mit Hilfe der modernen technischen Möglichkeiten des 19. Jh. den mittelalterlichen Baustil der Gotik zu neuem Glanz.

Im Innern sind u. a. die **aufwendige Treppenanlage** und einige prunkvoll ausgestattete Räume wie der **getäfelte Sitzungssaal** erhalten. Früher tagten an diesem Ort die mecklenburgischen Landstände. Von 1552 bis 1918 war Rostock Verwaltungssitz der Landständischen Union, einem wichtigen Gegenpart zum regierenden Herrscherhaus. Damit fungierte das Ständehaus als eine Art Parlamentsgebäude. Zur DDR-Zeit wurde der imposante Bau u. a. von der Nationalen Volksarmee genutzt. Heute hat hier das **Oberlandesgericht Rostock** seinen Sitz.

› Wallstr. 3, Tram s. Steintor 9

020ro Abb.: tm

11 Kloster zum Heiligen Kreuz (Kulturhistorisches Museum) ★★★ [I D3]

Etwas versteckt neben dem Hauptgebäude der Universität, hinter einer kleinen Mauer, befindet sich das ehemalige Kloster zum Heiligen Kreuz. Die dänische Königin Margarete Sambiria stiftete den Konvent 1270 dem Zisterzienserorden.

Die Königin soll auf der Rückreise von einer Pilgerfahrt nach Rom vor Rostock aus Seenot gerettet worden sein und nahm ihre Rettung und den nun folgenden längeren Aufenthalt in der Stadt als Zeichen des Schicksals wahr. So entstand diese Sühnestiftung mit Genehmigung ihres Vetters Waldemar von Rostock. Ein **Splitter des Heiligen Kreuzes** diente als **Gründungreliquie** und soll noch heute in einem Kristall auf der Brust des Gekreuzigten im Kircheninneren zu finden sein. Über diese Legende berichtet das monumentale Wandgemälde aus dem 17. Jh. im Kreuzgang.

021ro Abb.: tm

Töchter wohlhabender Rostocker Familien fanden hier Aufnahme, wenn sie aus verschiedenerlei Gründen nicht heirateten. Die Nachfrage war bald so groß, dass eine Obergrenze für die Anzahl der Nonnen bzw. Novizinnen festgelegt werden musste.

Viele Jahre nach der Reformation und nach langem Widerstand der Nonnen erfolgte 1584 die Umwandlung in ein **Damenstift.** Die Wohnanlage für unverheiratete Damen wurde 1920 aufgelöst. Den verbliebenen Bewohnerinnen gestand man jedoch ein Wohnrecht auf Lebenszeit zu. Die letzte Stiftsdame starb 1981 nach Umsiedlung in ein städtisches Heim.

Heute wird das Kloster als **Kulturhistorisches Museum** genutzt. Die historischen Räume wurden umfangreich saniert und so gilt das Kloster bis heute als eine der am besten erhaltenen Anlagen in Norddeutschland. Präsentiert wird Interessantes und Erstaunliches aus der Stadtgeschichte und dem reichen Bestand an Kunstwerken. Zur **Dauerausstellung** gehören sakrale Kunst, niederländische Malerei, Spielzeuge und Münzen. Vielfältige **Wechselausstellungen**, zu denen öffentliche Führungen angeboten werden, ergänzen das Programm. Der Bestand des Museums ist eigentlich deutlich größer, jedoch ist der Neubau eines zentralen städtischen Museums noch eine Vision.

Die **Klosterkirche**, der Tradition der Zisterzienser nach ohne Turm, stammt aus der ersten Hälfte des 14. Jh. und verfügt über die besterhaltene spätgotische Inneneinrichtung in Mecklenburg-Vorpommern

◁ Im pittoresken Hof des Klosters zum Heiligen Kreuz

neben jener des Doberaner Münsters. Der **Zutritt** ist **über das Museum** möglich. Neben der Kreuzigungsgruppe und dem Flügelaltar ist besonders die Kanzel mit niederdeutschen Umschriften aus dem Jahr 1616 sehenswert. In die Wand eingelassene Gedenksteine erinnern an die Domina genannten Vorsteherinnen des Stifts. Die Kirche dient auch der theologischen Fakultät als **Universitätskirche.** Selbst Besuchern, die es eilig haben, sei eine Runde durch den **Kreuzgang** um den idyllischen Innenhof empfohlen – hier lockt vor allem das große Gemälde zur Klostergründung.

In den barocken **Stiftshäuschen** vor dem Kloster laden heute Kunsthandwerker, das Kempowski Archiv (s. S. 73) und das Café Kloster (s. S. 69) zum Verweilen ein. Der **idyllische Klosterhof** ist im Sommer u. a. Spielstätte der Compagnie de Comedie (Bühne 602, s. S. 80) und bietet Gelegenheit zum Innehalten mitten in der Stadt.

KLEINE PAUSE

Auszeit im Klosterhof

Im **Hof des Klosters zum Heiligen Kreuz** 11 sitzt man gemütlich im kleinen **Café Kloster** (s. S. 69). Bei schönem Wetter stehen im Garten Tische unter den Apfelbäumen. Die Stadt ist zum Greifen nah und doch kann man entspannt durchatmen und frische Waffeln, Kuchen oder deftige Tagesgerichte genießen. Das Café ist ein Integrationsprojekt der Rostocker Werkstätten.

- Tram 1, 4, 5, 6 bis Lange Str., Eingang von den Wallanlagen oder neben der Universität
- **Kulturhistorisches Museum Rostock,** Klosterhof 7, www.kulturhistorisches-museum-rostock.de, Tel. 203590, Di.–So. 10–18 Uhr, Eintritt frei (Spende erbeten)

12 Kröpeliner Tor ★★ [I C2]

Das **höchste der Stadttore** markiert den **westlichsten Punkt** der alten Stadtgrenze. Nach Wismar und Lübeck führend, ist dieses Tor nach dem ca. 40 km von Rostock entfernten Ort Kröpelin bzw. nach einer Kaufmannsfamilie mit gleichem Namen benannt. Das 54 m hohe Turmtor wurde im **gotischen Stil** erbaut und ist sehr gut erhalten. Deutlich sichtbar sind die unterschiedlichen Ziegelschichten. Im unteren Teil wurden zunächst dunkelrote, im oberen eher helle Backsteine verbaut. So ist erkennbar, dass über mehrere Jahrzehnte an dem Turm gearbeitet wur-

022ro Abb.: tm

☒ *Das prachtvolle Kröpeliner Tor an der westlichen Stadtmauer* 8

023ro Abb.: tm

de. Der erste Abschnitt wurde bereits im 13. Jh., der hellere Teil erst im 14. Jh. vollendet. Umfangreiche neugotische Anbauten wurden wieder entfernt. Obwohl natürlich Teil der Stadtbefestigung, war das Turmtor vor allem **Ausdruck des Reichtums und der Macht der Stadt.** Es lag direkt an der Einfallstraße der Handelsroute von West nach Ost und sollte den Kaufleuten die zu erwartenden attraktiven Geschäfte verdeutlichen.

Das Kröpeliner Tor diente viele Jahre als städtisches Museum und wird aktuell als Sitz der 1995 gegründeten **Geschichtswerkstatt Rostock** für Ausstellungen genutzt. Eine Besichtigung des Tors mit den wechselnden Ausstellungen zur Stadtgeschichte ist möglich. Die Geschichtswerkstatt organisiert zudem Stadtführungen (s. Stadttouren zu Fuß, S. 77).

› Kröpeliner Str./Beim Grünen Tor, Tram 1, 4, 5, 6 bis Kröpeliner Tor

Möwen über der Warnow; im Hintergrund die nördliche Altstadt

› **Geschichtswerkstatt Rostock,** im Kröpeliner Tor, www.geschichtswerkstatt-rostock.de, Tel. 1216415, tgl. außer Feiertage 10–18 Uhr (Nov.–Jan. 10–17 Uhr), Eintritt: 3 €, Torführungen nach tel. Voranmeldung möglich

13 Fischerbastion und Stadthafen ★ [I C1]

Die **Fischerbastion** und der **Kanonsberg**, mit deren Bau um 1608 begonnen wurde, gehörte zur rund 3 km langen Stadtbefestigung. Wälle und Bastionen gab es in Rostock bereits im Mittelalter. Nun wurden diese mit moderneren Mitteln von Festungsbaumeistern und Ingenieuren ausgebaut. Und wie der Name vermuten lässt, oblag es hier den Rostocker Fischern, die **Einfahrt zum Hafen** zu überwachen und zu verteidigen. Viel Gelegenheit bot sich dazu jedoch nicht, da die Stadt in ihrer Geschichte nicht häufig belagert wurde.

Der **Stadthafen** war noch bis in die 1990er-Jahre Umschlagplatz für Heizöl, Getreide und anderes Schüttgut. Entlang der Fischerbastion verlief von 1889 bis 1936 die Hafenbahn für den Güterumschlag zwischen dem Bahnhof und dem Rostocker Hafen. Nach Eröffnung des **Überseehafens** [be] 1960 wurde der Stadthafen immer weniger genutzt; heute findet hier kein Umschlag mehr statt. Entlang der Kais haben sich zahlreiche gastronomische und kulturelle Einrichtungen etabliert, sodass der Hafen heute beliebte **Bummelmeile** ist. Von der **Anhöhe** der Fischerbastion eröffnet sich ein schöner Blick über den Stadthafen.

Vom Stadthafen aus lassen sich diverse **Schiffstouren** auf der Warnow und **Hafenrundfahrten** unternehmen (s. Stadttouren mit dem Schiff, S. 77). Veranstaltungshöhepunkt ist jedes Jahr Anfang August die **Hanse Sail** (s. S. 10). Das Windjammertreffen lockt regelmäßig rund 250 große und kleine Segelschiffe aus der ganzen Welt an die Warnow.

Zwischen den zu **Bürogebäuden** umgebauten **ehemaligen Getreidesilos** am östlichen und dem monumentalen **Denkmal für die revolutionären Matrosen** am westlichen Ende des Stadthafens findet sich viel Sehenswertes. So lassen sich hier etwa der Nachbau einer historischen Krananlage aus dem 18. Jh., die erhaltenen TAKRAF-Kräne aus der DDR der 1960er-Jahre und restaurierte Segler und Dampfer als Gast- oder Dauerlieger bestaunen. Auf den Stufen zwischen den umgebauten Silos am Ostende, heute Firmensitz von AIDA Cruises, sitzt man gemütlich mit Flussblick. Die **Figurengruppe „Große Afrikanische Reise"** von **Jo Jastram** macht Lust auf Reisen.

Sobald die Tage wärmer und die Abende länger werden, nutzen die Rostocker die Freiflächen im Stadthafen für Kubb-Spiele (auch Wikinger-Schach genannt) und Grillabende. In den **Restaurants und Cafés**, z. B. im Carlo615 (s. S. 67), sitzt man dann draußen an der Wasserkante. Auf diese Weise erfüllt der Stadthafen seine neue Funktion als verlängerter Boulevard der Innenstadt bereits heute.

› **Fischerbastion und Kanonsberg,** Am Kanonsberg, Tram s. Kröpeliner Tor ⓬
› **Stadthafen,** Warnowufer u. Am Strande, Tram 1–4 bis Stadthafen

⓮ Wokrenterstraße mit Hausbaumhaus ★★ [I D2]

In der **nördlichen Altstadt** zwischen der Warnow und der Langen Straße ⓯ steht Alt neben Neu. Der Wohnungsmangel in den 80er-Jahren des vergangenen Jahrhunderts führte in diesem **alten Hafenviertel** zu einem großflächigen Abriss der Mehrzahl der mittelalterlichen Speicher und Wohnhäuser. Auch wenn für die Neubauten oft aus Kostengründen die industrielle **Plattenbauweise** zum Einsatz kam, so besann man sich doch auf **regionale Stilelemente:** Giebel, Erker und Backsteinklinker zitieren alte hanseatische Bauweisen. Die wenigen erhaltenen Wohn- und Lagerhäuser, die Krieg und 40 Jahre Vernachlässigung überstanden hatten, wurden restauriert.

Viele der Fassaden in der **Wokrenterstraße** sind nach alten Zeichnungen wiederhergestellt oder aus anderen Straßen hierher umgesetzt worden. So ergibt sich letztlich ein geschlossenes Bild der Bebauung. Das Haus mit der Nr. 40 ist aber tatsächlich ein original erhaltenes Gebäude. Das auffällige, spätgotische Staffelgiebelhaus ist ein sogenanntes **Hausbaumhaus:** Die Konstruktion der Trag- und Stützbalken ähnelt einem sich nach oben immer weiter verästelnden Baum. Auf dem im Fundament eingelassenen Granitfindling steht fast mittig im Haus und frei im Raum der massive Eichenstamm. Dieser trägt die gesamte Holzbalkendecke des 1490 gebauten Kaufmannshauses. Wie häufig in der späten **Hansezeit** (s. S. 7) befanden sich im Erdgeschoss das Kontor und die Lagerräume, darüber und in der gartenseitigen Kemlade zumeist die Wohn- und Schlafräume. Leichtere Dinge wurden in den oberen Stockwerken gelagert.

Am unteren Ende der Wokrenterstraße ist seit 1845 das Restaurant **Zur Kogge** (s. S. 68) in einem historischen Wohnhaus ansässig. Als typische Seemannskneipe ist die Kogge in Rostock bekannt und beliebt.

› **Hausbaumhaus,** Wokrenterstr. 40, Tram 1, 4, 5, 6 bis Lange Str., www.hausbaumhaus.de, Mai–Sept. Di.–Fr. 11–15 Uhr, bei Veranstaltungen oder Vermietung für Besucher geschlossen, Eintritt frei (Spende erbeten)

15 Lange Straße ★ [I E2]

Die Lange Straße trennt heute die für den Verkehr gesperrte Fußgängerzone Kröpeliner Straße 21 von der nördlichen Altstadt. Nach der Zerstörung der engen, mittelalterlichen Bebauung im Zweiten Weltkrieg wurde die Lange Straße, ebenso wie die Berliner Karl-Marx-Allee, im **Stil stalinistischer Boulevards** wieder aufgebaut. Großzügig nutzte man den freigewordenen Raum: Die einst enge Straße wurde von 39 auf 60 m verbreitert. Statt zwei- und dreigeschossiger Häuser sollten nun fünf- und elfgeschossige Bauten das Gesicht der Stadt prägen und die Lange Straße **Platz für Paraden, Demonstrationen und Märsche** bieten. Die neue, sozialistische Zeit sollte ihren Ausdruck in einem Mix aus dem monumentalen Baustil der 1950er-Jahre und Zitaten der Backsteingotik finden. Der Grundstein wurde am 30. Januar 1953 gelegt. „Heute beginnen die Werktätigen mit der sozialistischen Umgestaltung Rostocks, mit dem Bau der ersten sozialistischen Straße“, so steht es auf der Urkunde, die bei der Grundsteinlegung eingemauert wurde. Im Jahr 1960 wurde die **Straßenbahn** von der Kröpeliner Straße in die Lange Straße verlegt. In den unteren Etagen der Wohn- und Bürohäuser befinden sich heute zahlreiche **Geschäfte, kleine Restaurants und Cafés.** In der kleinen Boutique **Rosenrot** (s. S. 65) kann man z. B. nach Herzenslust in Dekoartikeln und Geschenken stöbern.

› Tram 1, 4, 5, 6 bis Lange Str.

16 Universitätsplatz und Brunnen der Lebensfreude ★★★ [I D3]

Der einstige Markt der Neustadt aus dem Jahr 1253 mit dem Hauptgebäude der Universität an der Stirnseite ist heute der zentrale Platz Rostocks und gehört zweifellos zu den schönsten der Stadt. Im Sommer bevölkern Dutzende Studenten mit Büchern oder Laptops das Grün vor dem Universitätsgebäude.

Dort, wo einst das Rathaus der Neustadt stand, das von der Universität als Auditorium Magnum genutzt wurde, steht heute der **Brunnen der Lebensfreude.** Das Wasserspiel mit 16 Figurengruppen wurde 1980 von **Jo Jastram** und **Reinhard Dietrich** geschaffen und ist ein **beliebter Treffpunkt.** Der begehbare Brunnen sorgte in der ersten Zeit nach seiner Einweihung für viel Gesprächsstoff, da sich der eine oder andere Rostocker an den nackten Tatsachen störte. Heute ist er im Sommer Tummelplatz für Jung und Alt.

Das auffällig gelb gestrichene Haus neben dem Klostertor, das einstige **Oberappellationsgericht**, und links daneben die ehemalige **Hauptwache** von 1825, leicht an den dorischen Säulen erkennbar, werden heute von der Universität genutzt. Früher wurde diese Platzseite von Repräsentationsgebäuden der mecklenburgischen Landesherren dominiert. Heute beherbergt das klassizistische Gerichtsgebäude aus dem 19. Jh. die **Zoologische Sammlung der Universität** (s. S. 74). Als besonderes Ausstellungstück sei der **Rostocker Pfeilstorch** erwähnt. 1822 bei Doberan geschossen, trug der Storch noch einen vollständigen Pfeil aus Afrika im Hals – für die Wissenschaft gilt das kuriose Exponat als erster Beweis für den Vogelzug bis nach Afrika; bis heute ist der konservierte Storch ein Publikumsmagnet.

Rund um den Universitätsplatz finden sich das **Hauptgebäude der Universität Rostock** 18, das **Fünfgiebelhaus** 17 sowie der **Barocksaal** 20 und das **Blücher-Denkmal** 19. Häufig wird der Platz durch Veranstaltungen verschiedenster Art, z. B. Aktionstage, Märkte oder Vorführungen von Vereinen, zusätzlich belebt.

› Tram s. Lange Straße 15

17 Fünfgiebelhaus ★ [I D2]

Erst Mitte der 1980er-Jahre wurde hier eine Baulücke geschlossen. Aus vorgefertigten Betonteilen entstand ein Gebäude mit Erkern und Lauben in einem Stil, der die Backsteingotik und die Bauform der Kaufmannshäuser modern interpretiert.

Zur gleichen Zeit wuchsen auch die nördliche Altstadt rund um die Wokrenterstraße 14 in Rostock und das Nikolaiviertel in Berlin, beide in einem ähnlichen architektonischen Stil. Heute bedauert man zwar den Verlust der historischen Bebauung,

Der Brunnen der Lebensfreude 16 vor dem Hauptgebäude der Universität ist ein populärer Treffpunkt

024ro Abb.: tm

jedoch findet der **Plattenbaustil mit gotischen Elementen** auch Bewunderung. Schaut man genauer hin, entdeckt man zahlreiche **Skulpturen aus Ton.** So thront hoch oben der Rostocker Greif am Giebel. Auch die Frau am Fenster sowie Eule und Maus wollen an der Fassade entdeckt werden. Auf Straßenniveau an der Kröpeliner Straße (21) findet sich ein schönes Relief von Jo Jastram mit dem Titel „Harlekin und Columbine". Entworfen wurden diese kleinen und großen Kunstwerke von Künstlern aus Rostock und der Region. Das **Glockenspiel** an der östlichen Ecke wird von Hand gespielt. Im Fünfgiebelhaus findet man heute Geschäfte und ein Eiscafé.

- Kröpeliner Str./Ecke Breite Str., Tram s. Lange Straße (15)
- **Glockenspiel,** in der Regel Sa. 12 Uhr und zu besonderen Anlässen

(18) Hauptgebäude der Universität ★★★ [I D3]

Die Herzöge zu Mecklenburg und der Rat der Stadt unterzeichneten am 12. November 1419 die Gründungsurkunde für die Alma Mater Rostochiensis. Somit ist die Universität eine der ältesten in Deutschland und die erste im Ostseeraum.

Später wurde der Begriff **„Leuchte des Nordens"** geprägt: Bisher hatte man dem Süden in Sachen Forschung und Kultur hinterhergehinkt; nun war mit der Rostocker Universität ein Leuchtturm entstanden, der das Licht der Wissenschaft auf ganz Mecklenburg und darüber hinaus warf. Berühmte Gelehrte der Vergangenheit waren u.a. der Theologe **David Chyträus** (1530–1600), der Humanist **Ulrich von Hutten** (1488–1523), der Mathematiker **Joachim Jungius** (1587–1657) und der Zahnmediziner **Hans Moral** (1885–1933).

EXTRATIPP

Fleischlos, behaglich, lecker

Nur wenige Schritte vom **Universitätsplatz** (16) entfernt, lädt das **Café Heumond** (s. S. 68) zu einer gemütlichen Einkehr für jeden Geschmack ein. Das urige Lokal, das auch gern von den Rostockern besucht wird, hat einfallsreiche Gerichte für Fleischesser und Vegetarier im Angebot. Besonders empfehlenswert sind die Gerichte auf der Wochenkarte. Abends locken häufig interessante Lesungen.

Die Universität lag im Dauerclinch mit dem Landesherrn, dem Herzog zu Mecklenburg, sodass dieser sogar für kurze Zeit eine neue Landesuniversität im kleinen Bützow einrichten ließ. Auch die Greifswalder Universität von 1456 stand häufig in Konkurrenz zur Rostocker Alma Mater. Heute begreifen sich Rostock und Greifswald hingegen als Partner und pflegen die bald 600-jährige gemeinsame Geschichte.

Das **Hauptgebäude** nimmt die gesamte westliche Seite des Universitätsplatzes (16) ein. Zwischen 1867 und 1870 anstelle des baufälligen Vorgängers namens Weißes Kolleg erbaut, ist das Hauptgebäude mit für den Stil der **Neorenaissance** typischen Terrakottaverzierungen geschmückt. An der **Fassade** findet man **Büsten wichtiger Gelehrter** mit Beziehungen zur Universität und die Personifizierungen der **vier Gründungsfakultäten** – Letztere erscheinen in Form weiblicher Figuren mit ihren charakteristischen Attributen in den Händen. So erkennt man z.B. die Medizin am Äskulapstab, die Theologie am Kreuz, die Jurisprudenz an der Waagschale und die Philosophie am

Generalfeldmarschall Blücher, berühmter Sohn der Stadt

aufgeklappten Buch. Zwischen den Fenstern im Obergeschoss weisen die **Sgraffito-Malereien** auf die **zehn Tugenden** hin, die offenbar als Vorbild für die Studenten dienen sollen. Der lateinische Wahlspruch „Doctrina multiplex, veritas una" über der Eingangstür bedeutet übersetzt: „Es gibt viele Wissenschaften, aber nur eine Wahrheit".

Das **Innere des Hauptgebäudes** kann besichtigt werden. Hier können Besucher einen Blick auf Rektorzepter, Talar und Gründungsurkunde werfen; die neu geschaffene Figur der Metis (Göttin des impliziten Wissens) begrüßt die Ankommenden im Foyer.

Die Rostocker Hochschule gilt als **Volluniversität** mit einer großen Zahl an verschiedenen Studienrichtungen in insgesamt neun Fakultäten. Insgesamt lernen hier rund 14.000 Studierende. Die Einrichtungen der Universität sind in der ganzen Stadt verstreut, jedoch befinden sich der Großteil der Verwaltung sowie einige Vorlesungsräume und die historische Aula hier in diesem Gebäude. Neben dem Hauptgebäude steht das **Neue Museum** genannte Vorlesungsgebäude für die Naturwissenschaften von 1844. Die Bauten auf der gesamten Platzseite zwischen Oberappellationsgericht (s. Zoologische Sammlung, S. 74) und Barocksaal ⓴ werden heute von den einzelnen Fakultäten genutzt.

Zu den **Ehrendoktoren** der Universität Rostock gehören **Albert Einstein, Max Planck** und der bekannte Rostocker Schriftsteller **Walter Kempowski** (s. S. 33).

› Universitätspl. 1 (Westseite), Tram s. Lange Straße ⓯

⓳ Blücher-Denkmal ★★ [I D3]

Gebhard Leberecht von Blücher wurde 1742 in Rostock geboren. Später diente er als Generalfeldmarschall in der preußischen Armee. In den Befreiungskriegen gegen Napoleon festigte er seinen Ruf als hervorragender **Feldherr.** Wegen seiner Angriffslust erhielt er von seinen Soldaten den Beinamen „Marschall Vorwärts".

Nach einer **Annonce in einer Hamburger Zeitung** im Juli 1814, in der ein Scherzbold den Bau eines Blücher-Denkmals in Rostock ankündigte und stolz von bereits gespendetem Geld berichtete, sah sich der Rostocker Rat motiviert, die Errichtung voranzutreiben. Denn Blücher hatte sich, auf diese Anzeige Bezug nehmend, wenige Wochen später schriftlich bei der Stadt für diese Ehre bedankt. So sammelte man eiligst Geld und beauftragte die preußischen Bildhauer **Johann Gottfried Schadow** und **Christian Daniel Rauch** mit dem Bau des Denkmals. Die künstlerische Beratung übernahm kein Geringerer als **Johann Wolfgang von Goethe.**

Der **Sockel** zeigt in drei Reliefs allegorische Szenen verschiedener Schlachten Blüchers. Die **Rückseite** ziert eine von Goethe verfasste Inschrift. Das Denkmal, das Blücher mit Marschallstab in der rechten und einem Husarensäbel in der linken Hand zeigt, wurde nach der damals neuen **Monumentalgusstechnik** geschaffen und schließlich am 26. August 1819 enthüllt, nur wenige Wochen vor dem Tod des Feldherrn. Bereits 1816 hatte man Blücher als erster Persönlichkeit die Ehrenbürgerwürde Rostocks verliehen. Ursprünglich stand das Denkmal etwas weiter in der Mitte des Universitätsplatzes 16, es wurde aber 1938 an seinen jetzigen Standort versetzt.

› Universitätspl., Tram s. Lange Straße 15

20 Barocksaal und Herzogliches Palais ★ [I D3]

Die **Tourist-Information Rostock** (s. S. 71) hat in diesem Gebäude im barocken Stil des 18. Jh. ihren Sitz. Als **Anbau zum schlichten Herzoglichen Palais,** das bereits 1714 entstandenen war, wurde hier um 1750 ein Theater- und Festsaal eröffnet. Der theaterbegeisterte **Herzog Christian Ludwig** (1683–1756) ließ den Saal mit französischen Tapeten und Stuckmedaillons ausstatten. So zeigte das Herrscherhaus bauliche Präsenz in der auf Unabhängigkeit erpichten Stadt Rostock. Erst 1910 wurde die Durchfahrt zur Schwaanschen Straße geschaffen. Heute nutzt die **Universität Rostock** die meisten Räume von Palais und Barocksaal. Festliche Anlässe wie Preisverleihungen oder Konzerte finden nach wie vor hier statt. Am Barocksaal starten zudem die Rundgänge und Rundfahrten der Tourist-Information.

› Universitätspl. 6, Tram s. Lange Straße 15

EXTRATIPP

Eiskalte Süßigkeit am Hopfenmarkt

Gegenüber dem hübschen, gotischen Bürgerhaus der **Stadtbibliothek** 22 befindet sich der **Durchgang zum Hopfenmarkt** [I E3] (Kröpeliner Str. 84). Früher ein Umschlagplatz für die wichtige Brauzutat Hopfen, finden Besucher hier heute Geschäfte und Gastronomie. Ein besonderer Tipp für Schleckermäuler ist die **Eiswerkstatt** (s. S. 69). Hier wird nach DDR-Tradition hergestelltes Eis in den beliebten Muschelwaffeln verkauft – für viele eine süße Kindheitserinnerung und eine schöne Abwechslung zum Softeis der heutigen Zeit. Neben den Klassikern Schoko und Vanille gibt es täglich wechselnde Sorten; auch Frozen Yogurt und frische Waffeln sind im Angebot. Nicht verpassen: die kleinen Eislöffel mit Vornamen drauf.

21 Kröpeliner Straße ★★ [I E2]

Rostocks **Haupteinkaufsstraße,** die in den 1960er-Jahren als erster **Fußgängerboulevard** der DDR autofrei umgestaltet wurde, erstreckt sich vom Kröpeliner Tor 12 bis zum Neuen Markt 1. Wo einst die Straßenbahn dicht an den Häusern vorbeirumpelte, drängen sich heute die Menschen vor den Schaufenstern der Läden in der Fußgängerzone. **Straßenmusiker** und zahlreiche **Veranstaltungen** mit Verkaufsständen, Bühnen und Mitmachangeboten sorgen das ganze Jahr über für Leben und Trubel auf der von den Rostockern **„Kröpi"** genannten Bummelmeile.

Zwischen Kröpeliner Tor und Universitätsplatz 16 ersetzten **viele neue Gebäude** kriegsbedingte Baulücken. Ganz modern zeigt sich das **Kröpeliner Tor Center** (s. S. 62); hier finden sich zahlreiche internationale Markenshops. Zum Teil wurden aber auch alte gotische Elemente wie z. B. beim Fünfgiebelhaus 17 wieder aufgegriffen. Zwischen Universitätsplatz und Neuem Markt konnten viele **alte Giebelhäuser** saniert und restauriert werden. Als eines der schönsten Jugendstilgebäude in Rostock gilt das **Bankgebäude** gegenüber dem Eingang zum Hopfenmarkt (Kröpeliner Str. 84).

Dass hinter alten Fassaden modernes Leben brodelt, erlebt man in der Einkaufspassage **Galerie Rostocker Hof** (s. S. 61). Von den alten Häusern blieb lediglich die Front stehen. Dahinter entstand ein modernes Ensemble von Geschäften und einem Hotel mit Tagungsräumen.

› Tram 1, 4, 5, 6 bis Kröpeliner Str. und Lange Str.

22 Stadtbibliothek (Haus Ratschow) ★★ [I E2]

Mit dem Haus Ratschow zeigt sich die **Backsteingotik** von ihrer feinsten Seite. Ähnlich dem Kerkhoffhaus 4 sorgen hier rote und dunkel glasierte Backsteine für ein prächtiges Äußeres und verdeutlichen den offensichtlichen Reichtum und Einfluss des Bauherrn im späten 15. Jh. Die nach oben strebende Fassade wird durch **Blendbögen** selbst in den unteren Geschossen aufgelockert. So wirkt das Haus optisch leichter als das Kerkhoffhaus. Entlang der Handelsstraße galt eine reich geschmückte **Fassade** als wichtige **Visitenkarte eines Kaufmanns.** Häuser dieser Art dienten meist dem Verkauf und der Lagerung von Waren. Die Wohnung der Kaufmannsfamilie befand sich in der **angebauten Kemlade.**

Wie in der **Hansezeit** (s. S. 7) üblich, ist das Gebäude recht schmal, aber sehr lang, denn damals wurden Steuern häufig nach der Breite des Grundstücks bemessen. Ein Brand kurz nach Kriegsende 1945 beschädigte das damals als Bettenwarengeschäft genutzte Gebäude schwer; bald darauf verließen die Besitzer Rostock. Der Sanierung durch die Stadt folgte der **Einzug der Stadtbibliothek.** Nach Klärung aller Besitzansprüche fungiert das Haus bis heute als Hauptstelle der städtischen Leihbücherei. Den Namen des letzen privaten Besitzers, Familie Ratschow, ließ man wieder über der Eingangstür anbringen.

› Kröpeliner Str. 82, Tram 1, 4, 5, 6 bis Lange Str. u. Neuer Markt, www.stadtbibliothek-rostock.de

Bummelmeile der Rostocker: die lebhafte Kröpeliner Straße

026ro Abb.: tm

Entdeckungen außerhalb des Zentrums

23 Steintorvorstadt ★★ [I D4]

Vom Steintor 9 oder Hauptbahnhof (s. S. 59) aus lohnt sich ein Spaziergang durch das **alte Villenviertel.** Der Name rührt von der Lage außerhalb der Stadtmauer 8 auf Höhe des Steintors her. Ab Mitte des 19. Jh. siedelten sich hier die **wohlhabenden Rostocker** an, darunter Reeder, Ratsmitglieder und Industrielle. Als Beispiele lassen sich der Großvater Walter Kempowskis, der Reedereiagent Robert William Kempowski, oder der Hersteller orthopädischer Schuhe Max Samuel nennen. Die Bebauung war locker, die Straßen breit und man lebte sozusagen im Landhaus im Grünen. Die Villen präsentieren sich in einer **Vielzahl architektonischer Stile.** Erlaubt war, was dem Auftraggeber gefiel. So findet man Jugendstil, Klassizismus, Fachwerkelemente und Spielarten des Historismus.

Wandgemälde im Kreativ- und Ausgehviertel KTV

027ro Abb.: tm

Nach 1945 verfielen die prächtigen Häuser zusehends. Viele der früheren Besitzer waren aus der DDR geflüchtet, vertrieben worden oder hatten den Krieg nicht überlebt. Zwar wurden neue Bewohner einquartiert, aber das Geld für die Instandhaltung oder gar Restaurierung der schönen Fassaden war knapp. Erst nach der **Wiedervereinigung** und der **Klärung offener Vermögensfragen** wurde **umfangreich renoviert.** Heute kann man die Häuser in ihrer alten Pracht bewundern, am besten bei einem kleinen Spaziergang zwischen Thomas-Mann-Straße und Stephanstraße. Zur Klientel für die Wohnungen und Büros zählen nach wie vor Bürger mit eher üppigem Geldbeutel, bisweilen trifft man jedoch auch auf die eine oder andere muntere Studenten-Altbau-WG.

- Bus, Tram, S-Bahn bis Hbf. Rostock
- **Ausdehnung:** zw. Konrad-Adenauer-Pl., Rosa-Luxemburg-Str. u. Blücherstr.

24 Kröpeliner-Tor-Vorstadt (KTV) ★ [I B2]

Im Gegensatz zum Villenviertel der Steintorvorstadt 23 wurden außerhalb der Stadtmauer 8 nach Westen hin **Quartiere für die Arbeiter** gebaut. Mit zunehmender **Industrialisierung** und Gründung der Neptun Werft, der Rostocker Brauerei und weiterer Betriebe wurde der Wohnraum in der Stadt knapp (s. Exkurs „Das industrielle Erbe“, S. 50). So entstanden ab 1850 die üblichen **Mietshäuser** in relativ enger Bebauung. Rund um den **Doberaner Platz** sind die Bauten noch eher bürgerlich geprägt, aber in der **Niklotstraße** [I A2] oder im **Patriotischen Weg** [I C2] erkennt man die typischen Arbeiterviertel.

Durch die Doberaner Straße führte bald auch eine Straßenbahnlinie, um den Arbeitern die Anfahrt zu ihren Betrieben zu erleichtern. In der **Ulmenstraße** [IA3] entstand eine große Kaserne des Großherzoglich-Mecklenburgischen Füsilierregiments Nr. 90, heute der Campus für Wirtschafts- und Sozialwissenschaften der Universität Rostock.

Nach Kriegseinwirkung und Vernachlässigung in der DDR-Zeit war das Viertel zur Zeit der Wiedervereinigung nicht eben beliebt bei den Rostockern. Mit Mitteln des Europäischen Fonds für regionale Entwicklung wurde **in den 1990er-Jahren aufwendig saniert** und heute sieht es hier wieder sehr freundlich und farbenfroh aus. In der Kröpeliner-Tor-Vorstadt leben viele junge Rostocker und Studenten; die **KTV**, wie sie abgekürzt wird, gilt als **Szene- und Ausgehviertel.** Beim Bummel durch die Straßen rund um den Doberaner Platz trifft man auf interessante kleine Geschäfte, urige Cafés und schicke Bars. Abends trifft man sich z. B. im **Farellis** (s. S. 79) auf einen Cocktail, nachts stärkt man sich im **Best Kebap** (s. S. 70).

› Tram 1, 2, 3, 5, 6 bis Doberaner Pl.
› **Ausdehnung:** zw. Doberaner Str., Doberaner Pl., Wismarsche Str. und Margaretenstr.

25 IGA-Park Rostock ★★ [af]

Zwischen dem Rostocker Stadtzentrum und Warnemünde fand 2003 in den Stadtteilen Groß Klein und Schmarl die **Internationale Gartenbauausstellung IGA** statt. Die Blumenschau an der Warnow war ein großer Erfolg und man plante, den Park im Anschluss an das Ereignis weiter zu nutzen und für Spaziergänger attraktiv zu halten. So sind einige der **Nationengärten** auch heute noch vorhanden. Ferner ist das alte **Traditionsschiff MS Dresden** mit dem **Schiffbau- und Schifffahrtsmuseum** (s. S. 74) hier zu Hause. Wer ein paar Stunden Zeit mitbringt, sollte dem **„Tradi“**, so der Spitzname der MS Dresden, unbedingt einen Besuch abstatten.

Besonders im Sommer locken **Veranstaltungen** wie Popkonzerte, Blumenfeste, Pyrotechnik-Spektakel und Messen Besucher auf das Gelände. Man wünscht sich zwar nach wie vor mehr Gäste für den Park, aber die letzten Jahre haben bereits einen positiven Schwung gebracht. Die für die IGA ungewöhnliche Lage mitten im Neubauviertel mit Blick auf den Seehafen fand großen Zuspruch und

Rostocks Schiffbautradition kann man im IGA-Park erleben

028ro Abb.: tm

das Wohnumfeld der Rostocker hat ebenfalls profitiert.

› S-Bahn 1, 2, 3 bis Lütten Klein, Bus 35 nach Schmarl Dorf
› Schmarl-Dorf 40, Eingänge an der Messehalle (Alte Warnemünder Chaussee), in Schmarl-Dorf (Seezeichenweg) und Groß Klein (Kleiner Warnowdamm/ Ecke Werftallee), www.iga-park-rostock.de, Kassen Apr.–Okt. tgl. 9–18, Nov.–März tgl. 10–16 Uhr, Park schließt bei Sonnenuntergang, spätestens 22.30 Uhr, Eintritt: 1 €, Kombiticket Park u. Schifffahrtsmuseum (s. S. 74): 4 €

Das industrielle Erbe der Stadt

Rostock gilt bis heute als ***Standort für Schiffbau*** *und andere* ***maritime Gewerbe.*** *Tatsächlich ist der wohl älteste Industriebetrieb der Stadt eine Werft. Die* ***Neptun Werft*** *wurde als Maschinenbauanstalt und Schiffswerft 1850 gegründet. Ein Jahr später lief hier der erste eiserne Schraubendampfer, die „Erbgroßherzog Friedrich Franz", vom Stapel. Bis 1991 wurden mehr als 1500 Schiffe, darunter Fähren, Logger, Frachter und Stahlsegler, gebaut.*

Zu DDR-Zeiten war Rostock der wichtigste Standort der maritimen Industrie mit zwei Werften, dem Schiffsmotorenwerk Rostock, der Schiffselektronik Rostock und einem Studiengang Schiffbau an der Universität. Nach der Wiedervereinigung fanden sich oft keine neuen Investoren für die traditionsreichen Standorte.

Heute firmiert die Neptun Werft als Teil der Meyer Werft Papenburg und verfügt über einen modernen Produktionsstandort an der Warnow kurz vor Warnemünde. Hier werden Flusskreuzfahrtschiffe gefertigt; zudem liefert man Teile für Neubauten großer Hochseekreuzfahrtschiffe im Mutterbetrieb zu. Das alte Werftgelände ist zu Wohn- und Dienstleistungszwecken umgebaut worden, aber die Silhouette blieb bestehen. Das ***Schiffsmotorenwerk*** *wurde in mehrere Teile aufgespalten und besteht damit teils weiter. Die einstige* ***VEB Warnowwerft Warnemünde,*** *heute MV-Werften, etabliert sich aktuell nach mehreren Eigner- und Strategiewechseln auf dem Markt für Kreuzfahrtschiffsbau.*

Trotz der langen Geschichte im Schiffbau hatte Rostock Anfang des 20. Jh. eher einen Namen im ***Flugzeugbau.*** *1922 gründete Ernst Heinkel (1888–1958) in Hohe Düne [be] einen ersten Flugzeugbaubetrieb; 1935 zogen die* ***Heinkel-Werke*** *in die Rostocker Innenstadt um. Heinkel entwickelte und erprobte, gemeinsam mit Hans Joachim Pabst von Ohain (1911–1998), die ersten Düsentriebwerke und den Schleudersitz. Im* ***Zweiten Weltkrieg*** *wurde der Einfluss der* ***Rüstungsindustrie*** *immer stärker; in den Werken waren ca. 17.000 Arbeiter, darunter auch viele Zwangsarbeiter, tätig. In Warnemünde widmeten sich die Firmen Arado und Bachmann ebenfalls dem Flugzeugbau. Das Kriegsende bedeutete auch das Ende der Flugzeugproduktion in Rostock. Das Areal der Heinkel-Werke wurde der Neptun Werft, später Volkseigener Betrieb (VEB), zugeschlagen.*

Heute erinnern der ***Rest einer Werksmauer*** *und einige* ***Schautafeln*** *entlang der* ***Lübecker Straße*** *[bh] an die Tradition der Flugzeugentwicklung in der Hansestadt.*

› *www.neptunwerft.de*

Warnemünde entdecken

Die „schöne Tochter“ der alten Hansestadt Rostock liegt direkt an der Ostseeküste, ca. 12 km vom Stadtzentrum entfernt. Seit 1323 ist das einstige Fischerdorf im Besitz der Stadt. Die Rostocker sicherten sich mit dem Kauf die ungefährdete und zollfreie Einfahrt in ihren Hafen. Nach wie vor schmeckt diese Tatsache vielen Warnemündern nicht besonders und man liebäugelt mit der Unabhängigkeit.

Häufig wird der Einfluss der Rostocker auf Warnemünder Geschicke als zu stark empfunden. Allein könne man es doch viel besser, hört man oft. Eine Änderung des Status quo ist aber nicht in Sicht. Aus dem kleinen Fischerdorf ist längst ein **international bekanntes Seebad** geworden und ein Besuch in Rostock ist ohne Abstecher nach Warnemünde nicht denkbar. Der erste Badegast war 1817 Forstinspektor Becker aus Rövershagen. Seitdem wurden Strand und Gastronomie immer mehr zum bestimmenden Faktor im Ortsbild. Es soll sogar Gäste geben, die jahrelang nach Warnemünde kommen, ohne je in Rostock selbst gewesen zu sein.

Mit rund 6000 Einwohnern gehört Warnemünde zu den **kleineren der Rostocker Stadtteile.** Wirtschaftlich dreht sich fast alles um den Tourismus. **Kreuzfahrten** erleben gerade einen unglaublichen Boom und das kann man hier hautnah erleben: Um die 200 Anläufe von deutschen und internationalen Luxuslinern sind jeden Sommer angekündigt; die riesigen Luxusdampfer prägen die Skyline von Warnemünde. So könnte man hier etwa eine Kreuzfahrt zu den schönsten Städten der Ostsee oder in die Welt der Fjorde beginnen. Zusätzlich steigen viele Gäste für **Tagesausflüge** aus. So erhält das Seebad fast täglich Besuch aus der ganzen Welt –an manchen Tagen eine turbulente Mischung. Viele zieht es weiter nach Rostock, Schwerin und in die Metropole Berlin. Beim Ein- und Auslaufen der „großen Pötte“ stehen häufig Einheimische und Touristen am Kai und winken ihnen sehnsuchtsvoll nach.

Die **maritime Tradition** ist jedoch auch mit der Werft (s. Exkurs „Das industrielle Erbe“, S. 50), dem Institut für Ostseeforschung sowie der Ingenieurshochschule für Seefahrt vertreten. Einige **Fischer** stellen noch immer beruflich dem Hering, dem Dorsch und der Scholle nach, aber die Zeiten bleiben hart für die Branche. Viele überleben nur durch das Zubrot des Fischbrötchenverkaufs. Zugleich stärkt dies das Gefühl, in einem lebendigen, kleinen Dorf zu Hause zu sein, statt in einem rein kommerziellen Seebad. Die Stadtoberen haben das erkannt und greifen regulierend ein, sodass nicht noch mehr Wohnungen zu Ferienwohnungen umdeklariert werden und der Neubau von Hotelriesen ausbleibt.

Saison ist das ganze Jahr über; im Sommer ist es für manchen bisweilen sogar zu belebt am Strand und am Strom.

› **Anreise von Rostock nach Warnemünde:** Der **S-Bahnhof** [II C3] ist das große Einfallstor nach Warnemünde und verbindet Stadt und Seebad miteinander. Die Fahrt vom Rostocker Hbf. (s. S. 59) mit den **Linien 1, 2 und 3** dauert nur rund 20 Min. In Warnemünde einen Parkplatz zu finden (s. S. 60), ist gerade im Sommer eine große Herausforderung und die S-Bahn daher das bevorzugte Transportmittel für Einheimische und Touristen.

Stadtspaziergang

Ein etwa anderthalbstündiger Spaziergang durch Warnemünde beginnt am besten am **S-Bahnhof**, wo der Besucher aus Rostock in der Regel ankommt (siehe Anreise S. 51). Hier rollten noch bis 1995 Eisenbahnwaggons auf die Fähren nach Dänemark.

Nur wenige Schritte westlich des Bahnhofs beginnt bereits der **Alte Strom** 26. Zunächst überquert man jedoch die **alte Drehbrücke** aus dem Jahr 1903. Im Sommer passieren täglich fast 20.000 Menschen die Überführung des alten Mündungsarms der Warnow. Man sollte aber nicht eilig darüberhasten, denn von der Mitte der Brücke bietet sich eine beliebte Aussicht für Fotos. Schaut man nach Norden, entdeckt man kleine **Fischkutter** und **Verkaufsstände** am rechten Ufer; linker Hand blickt man auf die Häuserzeile entlang der alten Hafenzufahrt.

Hinter der Brücke lohnt sich ein Halt an der **Vogtei** 27 mit der **Tourist-Information** (s. S. 71). Danach geht es in einem Bogen rechts in die **Alexandrinenstraße** 28, genannt **Achterreeg**, was soviel wie „hintere Reihe" bedeutet. Hier beginnt der historische und zugleich idyllischste Teil Warnemündes; hier begibt man sich auf die **Spuren des alten Fischerdorfs** mit seinen kleinen Giebelhäusern, den Fachwerkfassaden, den schönen gläsernen Veranden und bunten Gärten. Der Weg entlang kleiner Geschäfte und Cafés, wie dem Café **Ringelnatz** (s. S. 70), ist sozusagen die Flaniermeile des Ortsteils.

Wandert man die Alexandrinenstraße weiter Richtung Norden und biegt dann in die **Querstraße V** [II C3] ab, gelangt man wiederum zum Alten Strom. Seewärts gehend, kommen linker Hand bald **Leuchtturm und Teepott** 29 in Sicht. Der Aufstieg zur **Aussichtsplattform** des Leuchtturms lohnt die Mühe: Von hier eröffnet sich ein **Panoramablick** über den gesamten Ort. Das **Teepott Restaurant** (s. S. 67) lockt mit seinen sonnigen Außenplätzen zu einer kurzen Kaffeepause.

Zwischen Leuchtturm und Hotel Neptun (siehe Sky-Bar S. 80) erstreckt sich die breite **Strandpromenade** 30 (offizieller Name: Seepromenade). Dem **weißen Sand** kann man nur schwer widerstehen und setzt den Rundgang in Richtung Westen am besten unmittelbar am Wasser fort, mit den Füßen im kühlen Nass.

Zurück auf der Strandpromenade gelangt man zur abzweigenden Seestraße mit dem **Kurhaus** [II A3] und durchquert den dahinterliegenden **Kurpark** [II A/B3]. Über die Dänische Straße erreicht man, links abbiegend, die **Mühlenstraße** [II B4], eine **kleine Einkaufsstraße**, an deren östlichem Ende tatsächlich eine Mühle steht. Die Mühlenstraße führt direkt auf den **Kirchenplatz** [II B3/4]. Die evangelische **Kirche** ist täglich für Besucher geöffnet und verfügt über eine typisch maritime Ausstattung. Von hier sind es nur wenige Schritte nach Osten zur Alexandrinenstraße, von wo man zurück zum Bahnhof gelangt.

Routenverlauf im Stadtplan

Der hier beschriebene Spaziergang ist mit einer farbigen Linie im Stadtplan eingezeichnet.

029ro Abb.: tm

Beliebtes Fotomotiv: die roten Fischkutter am Alten Strom ㉖

㉖ Alter Strom ★★★ [II C4]

Schreiende Möwen, bunte Häuser und Fischer, die ihren morgendlichen Fang anbieten – all das prägt den Alten Strom, die Flussmündung der Warnow, bis heute.

Der **Aufschwung des Seehandels** ab Mitte des 19. Jh. brachte immer mehr und vor allem größere Schiffe nach Rostock. Schnell zeigte sich, dass die ursprüngliche Hafeneinfahrt diesem Verkehr nicht mehr gewachsen war. So wurde der **Bau eines Kanals** anstelle der Mündung beschlossen. Die neue Einfahrt entstand wenige Meter östlich des Alten Stroms zwischen 1901 und 1903. Das Südende des Alten Stroms wurde auf Höhe der Zollstation mit einem Damm zugeschüttet. Auf der neu entstandenen **Halbinsel**, heute **Mittel-** oder auch **Fährmole** genannt, errichtete man einen Anleger für die Eisenbahnfähren nach Dänemark. Bis in die 1990er-Jahre fuhren die Fährschiffe hier ab. Heute hat man den Verkehr in den **Überseehafen** verlegt, aber an Warnemünde vorbei müssen sie noch immer. Den neuen Bahnhof, der ebenfalls dort entstand, verband eine Drehbrücke über den Alten Strom mit Warnemünde.

Früher nannten die Warnemünder ihre Urlauber alle **„Berliners"**, weil sie ja mit dem Zug anreisten – und der kam aus Berlin. Wo sie zustiegen, spielte dabei keine Rolle.

Am ehemaligen Mündungsarm der Warnow entstanden mit der Zeit zahlreiche **kleine Geschäfte und Lokale.** Hier entlang zieht es die meisten Besucher auf ihrem Weg zum und vom Strand. Viele legen eine kleine Pause in einem der vielen Cafés und Restaurants ein und genießen die Aus-

sicht auf die **attraktiv restaurierten Giebelhäuser** und das rege Treiben.

Das **östliche Ufer** blieb zwar weiterhin Hafen, entwickelte sich aber ebenfalls zur Bummelmeile. Hier findet der beliebte **Warnemünder Fischmarkt** (s. S. 61) statt, wo man den frischen Fang, je nach Saison z. B. Dorsch, Hering oder Flunder (s. Kleine Fischkunde S. 108), direkt bei den Fischern kaufen kann. Besonders an den Wochenenden stehen die Buden mit Räucherfisch und anderen Spezialitäten dicht an dicht an der Kaikante. **Hafenrundfahrten** in den Rostocker Überseehafen, zum Kreuzfahrtkai oder auf die Ostsee, z.B. mit der MS Baltica, starten ebenfalls am Strom.

› Am Strom

Am Alten Strom: einst Kapitänshäuser, heute Boutiquen und Cafés

27 Vogtei ★ [II C4]

Auf Höhe der Drehbrücke, gebaut 1903, steht die Vogtei direkt am Alten Strom 26. Das **Amtsgebäude** ist Warnemündes **ältestes erhaltenes Haus.**

Die über der Tür angebrachte Jahreszahl 1605 ist nicht ganz zutreffend. Bereits vor 1323 residierte hier ein Stellvertreter des mecklenburgischen Herzogs. Mit dem **Kauf Warnemündes durch Rostock** im selben Jahr zog ein Verwalter des städtischen Rats hier ein. Zwar fanden 1605 umfangreiche Arbeiten an dem Gebäude statt, die Ursprünge des Hauses sind aber bedeutend älter. So stammen die Granitfindlinge im Mauerwerk und das Kellergewölbe wohl schon aus dem 14. Jh.

Im Gegensatz zu den anderen Häusern entlang des Alten Stroms, die mit den Giebeln zum Fluss stehen, ist die Vogtei ein **Querhaus.** Der Grund liegt in der **Steuerpolitik** vergangener Tage: Die Grundsteuer wurde nämlich nach der Breite eines Hauses berechnet; deshalb zeigen die meisten Häuser ihre schmale Giebelseite. Und da von hier aus die Steuern erhoben und nicht bezahlt werden mussten, konnte man getrost die breite Traufseite (Dachseite) zum Strom hin stellen. Der **Vogt** sorgte im Namen der Hansestadt Rostock für Recht und Ordnung in Warnemünde. Er kümmerte sich ferner um die Einhaltung der Sperrstunde, um Sauberkeit und Ordnung sowie den Fährdienst – damals gab es noch keine Brücke und keinen Bahnhof.

An der **Frontseite** der Vogtei befindet sich das mutmaßlich älteste, original erhaltene Stadtwappen Rostocks. Dabei waren die Rostocker hier gar nicht sehr beliebt. Heute dient die

Vogtei als **Ortsamt und Sitz der Tourist-Information** (s. S. 71), also immer noch als Außenposten der Stadt Rostock. Auch für standesamtliche Trauungen wird das Gebäude mit einem gut erhaltenen Fachwerkraum unter dem Dach genutzt. Das zieht dann meist viele Schaulustige an.

› Am Strom 59/Ecke Kirchenstr.

28 Alexandrinenstraße (Achterreeg) ★★ [II C3]

Die Alexandrinenstraße ist vielen Warnemündern noch unter ihrem **alten Namen** bekannt: **Achterreeg.** Die „**hintere Reihe**" – so die wörtliche Bedeutung des Namens – war ursprünglich eine von zwei Straßen, die jahrhundertelang das Gesicht des alten Fischerorts prägten. Während in der „vorderen Reihe" (Vörreeg) die wohlhabenden Schiffer und Kapitäne ihre Häuser hatten, lebten in der hinteren die ärmeren **Fischer und Matrosen.**

Heute findet man hier viele der typischen Warnemünder Häuser: **kleine, schmale Fachwerkbauten** mit angesetzten Veranden, den sogenannten Glaskästen. Diese hübschen **Glasvorbauten** sind immer wieder Streitpunkt zwischen dem Bürgermeister und den Warnemündern, stehen sie doch auf dem Bürgersteig. Über einen Kaufpreis oder Pachtzins wird man sich nur sehr schwer einig. Der hohe Giebel, die Front mit zwei Fenstern und danebenliegender Tür sowie die Raumanordnung deuten auf friesische Einflüsse hin. Die **engen Querstraßen (I–V)** zwischen den Häusern der Vörreeg ermöglichten den kurzen Zugang zum Strom. Die Türen zwischen den Häusern führen zu **kleinen Gärten.** Diese Durchgänge, **Tüschen** genannt, sollten aus Gründen des Brandschutzes mindestens 1,50 m breit sein. Die Warnemünder waren der vielen Vorschriften aus Rostock bald überdrüssig und machten sich gern darüber lustig: So meinten sie denn, die Tüschen mögen so breit sein, dass eine Kuh hindurch passt.

In einigen Fenstern sitzen auch heute noch die sogenannten **englischen Hunde:** Sie sind Mitbringsel der Seeleute von ihren Reisen und sollen einen pikanten Hintergrund haben. Angeblich erwarb der Seemann sie bei Damen zweifelhaften Rufes im Londoner Hafen. Die Ehefrau stellte die Hündchen später stolz ins Fenster. Sollten die Nachbarn sie ruhig sehen, schließlich konnte sich

KLEINE PAUSE

Fischbrötchen, der traditionelle Snack

Für viele ist ein gutes Fischbrötchen zwischendurch ein Muss bei jedem Warnemünde-Besuch. Feilgeboten werden die **geräucherten, marinierten oder frittierten Klassiker** (s. Kleine Fischkunde, S. 108) an vielen Stellen. Besonders gut schmeckt es traditionell bei Min Herzing oder direkt vom Kutter bei Backfisch-Udo. Aber Vorsicht vor Mitessern! Die **Möwen** sind immer hungrig und haben sich auf ahnungslose Touristen spezialisiert. Wer nicht erpicht ist, seinen Snack zu teilen, behält sein Bismarck- oder Makrelenbrötchen besser gut im Auge.

1 [II C3] **Backfisch-Udo,** Alter Strom, Liegepl. 3 (ca. Nr. 108), Warnemünde, tgl. ca. 10–22 Uhr, je nach Wetter und Jahreszeit auch kürzer

2 [II C4] **Min Herzing,** Am Bahnhof 12, an der Strombrücke, Warnemünde, Tel. 51077071, tgl. ca. 10–20/21 Uhr

nicht jeder Porzellan leisten. Die Geschichten variieren, aber ein wahrer Kern wird wohl darin stecken. Auch finden sich an einigen Häusern noch die typischen **alten Hausmarken**, am Giebel angebrachte Symbole, die als Erkennungszeichen für die jeweiligen Familien galten. Viele sind in der Warnemünder Kirche am Kirchenplatz [II B3/4] gesammelt und ausgestellt, da sie damals auch die Sitzplätze der Familien markierten.

Der hübsche, kleine **Platz** [II C3] nördlich der Querstraße IV mit dem **Ümgangsbrunnen** von Wolfgang Friedrich ist ein Schmuckstück geworden. „**Ümgang**" war früher der Name einer kleinen Prozession durch den Ort nach der Wahl des Öllermanns, des Abgesandten für das Stadtparlament in Rostock. Heute wird bei der Eröffnung der **Warnemünder Woche** (s. S. 8) im Juli während des Ümgangs lokale Folklore präsentiert.

29 Leuchtturm und Teepott ★★★ [II B2]

Bis 1879 zeigte eine alte Ziehleuchte – ein Feuer in einem Metallkorb – Seeleuten und Fischern den Weg zur Hafeneinfahrt. Bei gutem Wetter noch in 5 km Entfernung sichtbar, war ihr Licht bei schlechtem Wetter nur wenige 100 m weit zu erkennen. Um die Einfahrt auch bei Nebel, Regen und Schneesturm sicher zu machen, genehmigte die Stadt Rostock bereits im Jahr 1863 den Bau eines Leuchtturms.

Der **sandige Untergrund** machte das Vorhaben zunächst schwierig. Erst nachdem 33 Holzpfähle 11 m tief in den Boden gerammt wurden, konnte im Juli 1897 mit der Konstruktion begonnen werden. Für 95.000 Reichsmark entstand der **31 m hohe Leuchtturm** in rund 15-monatiger Bauzeit. Die Backsteine wurden an-

031ro Abb.: tm

schließend mit weiß glasierten Blendziegeln verkleidet. Seitdem schickt der Leuchtturm sein Licht **fast 16 Seemeilen weit** über die Ostsee – das sind rund 24 km. Da es nur 24 Seemeilen bis nach Dänemark sind, begleitet das Signal des Warnemünder Leuchtturms die Fähre fast bis in den Hafen von Gedser.

1912 hatten die alten Petroleumlampen, von denen noch die vier Tanks unter dem Turm zeugen, ausgedient und das elektrische Zeitalter brach an. Eisige Winter und der instabile Untergrund führten zu Rissen im Mauerwerk, die eine Sanierung im Jahr 1969 und erneut in den 1980ern nötig machten.

Der **Leuchtturmverein** betreibt den Turm heute ehrenamtlich und öffnet ihn meist von Ostern bis Anfang Oktober für große und kleine Besucher. Nach den 135 Stufen der **Granitwendeltreppe** bietet sich von der oberen Galerie ein **herrlicher Blick** über das Seebad und die weite Ostsee bis nach Dänemark. Kleine **Infotafeln** an den Geländern helfen bei der Orientierung und informieren über Entfernungen zu ausgewählten Punkten.

Direkt neben dem Leuchtturm steht der **Teepott** mit seiner auffälligen, denkmalgeschützten Dachkonstruktion. Nach Plänen von Ulrich Müther entstand dieser Hyparschalenbau auf den Fundamenten des alten Teepavillons, der 1926–1945 als Restaurant und Konditorei diente und dessen **eigentümliche Form** namensgebend war. Der Neubau, der 1968 zur 750-Jahr-Feier Rostocks eröffnet wurde, entwickelte sich schnell zum Anziehungspunkt für Einheimische und Touristen. Eindeutiges Vorbild war hier das West-Berliner Haus der Kulturen der Welt, besser bekannt als „Schwangere Auster“. Die Plätze in den Restaurants, von denen man eine **ideale Aussicht über Strand und Hafeneinfahrt** genießt, waren heiß begehrt. Nach fast zehnjähriger Schließung und umfangreicher Renovierung begrüßen seit 2002 wieder Restaurants und Bars, etwa das **Teepott Restaurant** (s. S. 67), ihre Gäste aus Nah und Fern.

› **Leuchtturm,** Am Leuchtturm, www.warnemuende-leuchtturm.de, Tel. 5192626, Ostern–Anf. Okt. tgl. 10–19 Uhr, Eintritt: 2 €
› **Teepott,** Seepromenade 1

☐ Leuchtturm und Teepott – die Wahrzeichen des Ostseebads

30 Strandpromenade ★ [II B2]

Im Sommer tummeln sich Tausende von Besuchern und Einheimischen auf der Strandpromenade, deren zentraler Teil zwischen Leuchtturm und Hotel Neptun verläuft. Hinter den Dünen, vor Wind geschützt, schlendert man vorbei an alten Villen, neuen Hotels sowie pittoresken Lokalen und Boutiquen.

Die Flaniermeile heißt eigentlich **offiziell Seepromenade,** wird aber von den meisten Warnemündern Strandpromenade genannt.

Das **Kurhaus** [II A3], zwischen Leuchtturm 29 und Hotel Neptun gelegen, wurde 1914–28 nach Plänen von Gustav Berringer und Walter Butzek gebaut. Sein schnörkelloses, einfaches Erscheinungsbild ist ein typisches Beispiel für die **Neue Sachlichkeit.** Ein Kurhaus war damals an jeder Strandpromenade ein Muss, bot es doch Verköstigung, Unterhal-

KURZ & KNAPP

Die Wiege des Strandkorbs

Der Strandkorb ist heutzutage nicht mehr von der Küste wegzudenken, spendet er doch Schatten, schützt vor Wind und bietet ein gemütliches Plätzchen. 1882 beauftragte **Frau von Maltzahn,** ein wohlhabender Sommergast, den in Rostock ansässigen **Hofkorbmachermeister Wilhelm Bartelmann,** ihr einen stabilen, leichten und bequemen Stuhl zu bauen. Damit wollte sie am Strand sitzen, ohne an die Plagen des Rheumas denken zu müssen und unter Wahrung der ihrem Alter und Stand angemessenen Etikette.

Aus dem einfachen **Einsitzer aus Weidengeflecht** wurde bald der **heutige Doppelsitzer** mit verstellbarer Rückwand, Tischchen und Fußrasten. Die Ehefrau von Bartelmann soll übrigens die erste gewesen sein, die einen **Verleih des Strandmöbels** anbot. Da Wilhelm Bartelmann auch in Kühlungsborn und Graal-Müritz Werkstätten betrieb, sehen sich beide Orte ebenfalls als Geburtsort dieser Erfindung. Auch für Strandkörbe gibt es eine Saison und so verschwinden sie im Oktober im Winterlager und stehen spätestens an Ostern wieder am Wasser.

070ro Abb.: tm

tung und Information sowie häufig auch Kuranwendungen. Heute beherbergt das Kurhaus ein Restaurant mit schönem Ausblick.

Obwohl sich die **Promenade** noch einige Hundert Meter weiter zieht, markiert das **Hotel Neptun** für viele Flaneure ihr Ende. Das Fünf-Sterne-Hotel öffnete 1971 seine Pforten. Mit dem Bau wurde eine schwedische Firma beauftragt, die westlichen Standard garantieren sollte. So sollten vor allem internationale Gäste angesprochen werden, deren Devisen die DDR so dringend benötigte. Später fanden auch DDR-Pauschalurlauber hier Aufnahme – eine Gratwanderung für das Hotelper sonal. Viele Geschichten und Ge rüchte ranken sich um das Haus. Auch heute noch ist das Hotel Neptun nicht wegzudenken aus der Warnemünder Skyline. Der Service ist nach wie vor erstklassig. Entlang der Promenade findet man immer wieder **Kunstwerke**, z. B. das „Liebespaar" von Wilfried Fitzenreiter aus den 1970er-Jahren oder den **Planetenweg**, einen astronomischen Lehrpfad, der am Teepott (29) beginnt und am Hotel Wilhelmshöhe an der Steilküste endet.

Die meisten Besucher zieht es an den **Strand** mit seinem feinen, weichen Sand und den typischen Strandkörben – übrigens eine Warne münder Erfindung von 1882 (siehe links). Im Sommer liegen hier Urlauber neben Rostockern und Tagesausflüglern in der Sonne. In einer alten Villa am Strand residierte über 60 Jahre der **Deutsche Wetterdienst.** Die aktuellen Daten können weiterhin vor dem Haus digital abgelesen werden.

› **Ausdehnung:** Seepromenade zw. Am Leuchtturm u. Kurhausstr.

EXTRATIPP

Robbenforschungsstation Warnemünde

Auf einem Hausboot an der Ostmole von Warnemünde (Hohe Düne) hat die Universität Rostock eine Forschungsstelle mit dem Namen **Marine Science Center** eingerichtet, die sich schwerpunktmäßig mit dem **Orientierungsvermögen von Seehunden** beschäftigt. Eine kleine Gruppe männlicher Seehunde, allesamt aus Zoos, hat hier reichlich Platz und wird von Studenten und Doktoranden betreut. Futter, hauptsächlich Heringe, gibt es während der Testreihen vom jeweiligen Betreuer. Erforscht wird, wie gut die Tiere über und unter Wasser sehen können und wie sie sich u. a. mithilfe der Barthaare orientieren und so zu bestimmten Plätzen zurückfinden oder Fisch jagen. Besucher sind in der Sommersaison herzlich willkommen. Mitarbeiter der Universität bieten zur vollen Stunde (11–15 Uhr) Kurzvorträge an. Die Zufahrt erfolgt von Warnemünde aus mit der Warnowfähre nach Hohe Düne (Fahrtzeit: 2 Min.), dann geht es zu Fuß die Mole entlang nach Norden.

★3 [II D2] **Marine Science Center,** Am Yachthafen 3 a, Hohe Düne, Tel. 50408181, www.marine-science-center.de, Besichtigung Mai–Okt. tgl. 10–16 (letzter Einlass), 25. März–Ende April 10–15 Uhr

Praktische Reisetipps Rostock

An- und Weiterreise

Mit Bus und Bahn

Der Rostocker **Hauptbahnhof** liegt südlich der Altstadt. Von der Nordseite aus erreicht man das Stadtzentrum in ca. 20 Min. zu Fuß entlang der Rosa-Luxemburg-Straße und nach links in die Hermannstraße, welche in die Schwaansche Straße mündet und am Universitätsplatz endet. Alternativ sind die Straßenbahnlinien 5 und 6 in Richtung City zu empfehlen.

Der **ZOB** (Zentrale Omnibusbahnhof) befindet sich auf der Südseite des Bahnhofs, ein Taxistand auf der Nordseite. Fernbusse steuern den ZOB und Haltestellen in Warnemünde an.

•4 [bi] **Rostock Hauptbahnhof,** Konrad-Adenauer-Pl. 4, Tel. 2401055, S-Bahn 1, 2, 3 und Tram 2, 3, 5, 6

Mit dem Auto

Rostock ist von der **A 20** (Lübeck/Hamburg – Stettin) und der **A 19** (Rostock – Wittstock/Dosse) sowie von der **B 105** aus gut zu erreichen. Von der A 19 empfiehlt sich die Abfahrt Rostock-Ost mit direktem Zugang ins Zentrum, von der A 20 die Abfahrt Rostock-Südstadt.

Aus Süden kommend, führen Navigationsgeräte und Schilder die Autofahrer oft durch den **Warnowtunnel** nach Warnemünde. Der **gebührenpflichtige Tunnel** ist verkehrstechnisch günstig für Besucher, die aus Richtung Stralsund nach Warnemünde wollen, da so die Durchfahrt durch das Rostocker Zentrum entfällt. Ansonsten ist man über die Autobahn und die Zubringerrouten von der A 20 meist genauso schnell am Ziel und zahlt keine Maut.

Mit dem Flugzeug

Der nächstgelegene **Flughafen** ist **Rostock-Laage**, ca. 35 km vom Stadtzentrum entfernt. Linien bestehen ganzjährig nach München sowie saisonal nach Stuttgart, Wien und Zürich.

Der Bus der Linie 127 ist auf den Flugplan abgestimmt und fährt vor dem Terminal ab. Taxis stehen ebenfalls dort bereit. Eine Vorbuchung wird empfohlen, da nur wenige Taxis regulär am Flughafen warten.

•5 **Flughafen Rostock-Laage,** Flughafenstr. 1, Laage, www.rostock-airport.de, Tel. 038454 321390, Bus 127 von und nach Rostock ZOB (s. S. 59)

Von Rostock nach Wismar

Zwischen Rostock und Wismar liegen rund **60 Autominuten.** Mit dem Auto pendelt man über die **A 20** und die **B 105** schnell zwischen den beiden Ostseestädten.

Die **Regionalbahn RE 8** fährt auf der Linie Tessin – Rostock – Wismar stündlich ohne Umsteigen und benötigt knapp 70 Min. für die Strecke von Rostock Hbf. nach Bhf. Wismar (s. S. 114).

Autofahren

Morgens und nachmittags kann es entlang den Hauptrouten zwischen Werftdreieck und Stadthafen ⓭ sowie auf der Tessiner Straße [ci] schnell mal etwas länger dauern. Achtung, die **Straßenbahn** hat **Vorfahrt!** Eine **Umweltzone** ist in Rostock aktuell **nicht geplant;** daher ist keine Plakette nötig.

In der Rostocker City gibt es etliche **Parkhäuser und Parkplätze,** jedoch wird der Parkraum bei Großveranstaltungen knapp. Viele Parkplätze haben eine Höchstparkdauer von 2 Std., daher empfehlen sich eher die Parkhäuser. Rostock verfügt über ein **gutes Parkleitsystem.**

P6 [I E2] **City-Parkhaus,** Lange Straße, 1,50 €/Std., max. 12 €/Tag

P7 [I D1] **Parkplatz Stadthafen,** Am Strande/Warnowufer, gepflasterter Parkplatz, 1 €/Std., 6 €/Tag, kurzer Fußweg in die Altstadt, keine Höchstparkdauer

In **Warnemünde** sind die **Parkplätze** ganzjährig knapp und eher teuer. Empfehlenswert sind die folgenden:

P8 [II A3] **Parkhaus am Kurhaus,** Kurhausstr.

P9 [II C3] **Parkplatz Stadtmitte,** Am Bahnhof

Barrierefreies Reisen

Die Stadt Rostock arbeitet mithilfe vieler Initiativen und Verbände an der stetigen Verbesserung der Barrierefreiheit. Der **Hauptbahnhof** sowie die **meisten S-Bahnhöfe** sind heute mit **Fahrstühlen und Rampen** ausgestattet. Straßenbahn, Busse und die S-Bahn haben einen ebenerdigen Zugang; die Bahnsteige sind größtenteils barrierefrei angepasst, sodass keine Hindernisse entstehen. Alternativ verfügen die Fahrzeuge über vom Fahrer bedienbare Rampen. Das Personal der Rostocker Straßenbahn AG wird außerdem regelmäßig im Umgang mit mobilitätseingeschränkten Fahrgästen geschult.

Zahlreiche **Museen**, die **Tourist-Information** (s. S. 71) und etliche **Kirchen** verfügen in der Regel über **Lift oder Rampe.** Einige historische Gebäude können für Menschen mit Behinderung leider nicht oder nur schwer zugänglich gemacht werden, dazu zählen beispielsweise das Hausbaumhaus (14), das Schiffbau- und Schifffahrtsmuseum (s. S. 74) und die Dokumentations- und Gedenkstätte in der ehemaligen U-Haft der Stasi (s. S. 73).

Das **Hotel Sportforum** (s. S. 81) hat sich speziell auf die Bedürfnisse behinderter Gäste eingestellt.

Die Touristinformation bietet eine Broschüre mit Informationen zu barrierefreiem Urlaub zum Download oder Postversand an. Einen guten **Überblick über barrierefreie Angebote** und Hilfestellung für mobilitätseingeschränkte Reisende gibt auch das Internetportal des Rostocker Vereins **Neue ohne Barrieren e. V.:**

- › www.ohne-barrieren-rostock.de
- › www.rostock.de/urlaub-freizeit/prospekte-flyer.html
- › www.barrierefrei.m-vp.de

Einkaufen

Strömten die Rostocker nach der Wende noch zum Shopping nach Lübeck und Hamburg, so hat sich Rostock heute zu einem **attraktiven Geschäftsstandort** entwickelt und zieht ein Publikum weit über die Stadtgrenzen hinaus an. Vor allem während des jährlichen **Weihnachtsmarkts** (s. S. 10) sind Rostocker und ihre Gäste, insbesondere Dänen und Schweden, in Einkaufslaune. Die Skandinavier kommen aufgrund der günstigeren Preise mit Vorliebe nach Rostock. Gutes Essen und der Großeinkauf von Spirituosen stehen dabei traditionell im Vordergrund.

Zu den wichtigsten **Einkaufszonen** gehören einerseits die **Kröpeliner Straße** (21) mit ihren Seitenstraßen, andererseits die **Lange Straße** (15). Hier findet man alle gängigen Marken und auch einige individuelle Läden. Für viele Shoppingfreunde ist zusätzlich der **Alte Strom** (26) **in Warnemünde** mit seinen kleinen Geschäften und Boutiquen reizvoll.

Ausgefallene Geschäfte aller Art haben sich in der **Kröpeliner-Tor-Vorstadt** (24) rund um den Barnstorfer Weg [I A/B3] angesiedelt. Hier ist auch das Studenten- und Ausgehviertel und man findet viel Extravagantes.

Typische **Mitbringsel und Souvenirs** eines Urlaubs an der Küste sind kulinarische Spezialitäten wie **Sanddornprodukte,** Süßes aus der Schokoladerie De Prie, Fischspezialitäten aus Warnemünde oder der Rostocker Doppelkümmel-Schnaps. **Kunsthandwerk** steht bei Urlaubern ebenfalls hoch im Kurs, v. a. **Bernstein,** Schmuckunikate, maritime Dekoobjekte oder Kunstwerke des Rostocker Grafikers Feliks Büttner (s. S. 73).

Märkte

Rostock ist in der glücklichen Lage, noch einen **Wochenmarkt** mitten in der Stadt zu besitzen, der regelmäßig auf dem **Neuen Markt** (1) stattfindet (Mo.–Fr. 8–17, Sa. bis 13 Uhr). Zusätzlich sind Mo. und Do. (8–18 Uhr) der **Biomarkt auf dem Doberaner Platz** [I B2] und Sa. (8–13 Uhr) der **Wochenmarkt auf dem Kirchenplatz** [II B3/4] in Warnemünde für Besucher interessant. Frischen, geräucherten und marinierten Fisch (s. Kleine Fischkunde S. 108) in allen Varianten gibt es in der Saison täglich; besonders groß ist die Auswahl auf dem **Warnemünder Fischmarkt** auf der Mittelmole nahe dem Bahnhof (Sa./So. 8–18 Uhr).

Einkaufszentren

10 [I D3] **Galerie Rostocker Hof,** Schwaansche Str. 6 a, www.rostocker-hof.de, Mo.–Sa. 10–20 Uhr, WLAN. Einkaufspassage am Rande des Universitätsplatzes mit Eingang in der Kröpeliner Straße. Es gibt Modeboutiquen, einen Drogeriemarkt und ein beliebtes Eiscafé. Besonders empfehlenswert ist der Imbiss Portola (s. S. 70).

11 [I C2] **Kröpeliner Tor Center (KTC),** Kröpeliner Str. 54, www.ktc-rostock.de, Mo.–Sa. 9.30–20 Uhr, WLAN. Einige Lebensmittelgeschäfte und der Elektronikmarkt öffnen früher. Einkaufszentrum mit breitem Sortiment am westlichen Ende der Fußgängerzone, direkt neben dem Kröpeliner Tor.

Kulinarisches

12 [I E2] **Bärenland,** Am Ziegenmarkt 2, www.baerenland.com, Tel. 3758310, Mo.–Fr. 10–19, Sa. 10–16 Uhr. Für alle Gummibärenfreunde hat Rostock nun auch ein Bärenland. Hier werden Fruchtgummis in allen Farben, Formen und Geschmacksrichtungen für Erwachsene und Kinder verkauft. Auch beliebte Ostklassiker wie Schaumzuckermäuse sind dabei.

13 [II B4] **Die Genusswelt,** Kirchenplatz 1, Warnemünde, www.diegenusswelt.com, Tel. 0171 3333667, Mo.–Fr. 10–18, Sa. 9–18, März–Okt. So. 12–18 Uhr. Essig, Öle, Aufstriche, Liköre und Gewürze mit regionalen und internationalen Noten kann man hier im kleinen Fachgeschäft kosten und kaufen.

060ro Abb.: tm

Shoppingareale

Die wichtigsten Shoppingbereiche der Stadt sind im Kartenmaterial mit einer rötlichen Fläche markiert.

14 [II C4] **Mecklenburger Biomarkt,** Rostocker Str. 3–4, Warnemünde, www.mecklenburger-biomarkt.de, Tel. 76019263, Mo.–Fr. 8–18.30, Sa. 8–14 Uhr. Gut sortierter Bioladen mit Produkten aus der Region und Norddeutschland.

15 [ag] **Rostocker Fischmarkt,** Warnowpier 431, Bus 34 bis Fischereihafen, www.rostocker-fischmarkt.de, Tel. 8111221, Mo.–Fr. 8–17 (01.05.–15.10. bis 18 Uhr), Sa. 8–15 Uhr. Wer frischen Fisch oder Fischdelikatessen mit nach Hause nehmen möchte, findet hier etwas außerhalb des Stadtzentrums im Fischereihafen ein ausgezeichnetes Angebot. Nebenan in der Fischbratküche kann man Mo.–Sa. von 11 bis 15 Uhr frische Fischgerichte genießen.

16 [II C2] **Sanddornstube Warnemünde,** Am Leuchtturm 3, Warnemünde, www.sanddornstube.de, Tel. 5109767, Apr.–Okt. tgl. 10–18, bei gutem Wetter u. Veranstaltungen länger, Nov.–März Mo.–Sa. ab 11 Uhr. Hier lässt sich Sanddorn, die Vitaminbombe der Ostsee, in zahllosen Varianten erstehen. Tee, Liköre, Säfte, Süßes und Kosmetik in reichlicher Auswahl. Ein leckeres und farbenfrohes Souvenir. Zusätzlich hübsche Kindermode im Angebot.

17 [I E3] **Viba sweets,** Kröpeliner Str. 18, www.viba-sweets.de, Tel. 1285546, Mo.–Fr. 9.30–18, Sa. 10–16 Uhr. Der Nugatspezialist aus Schmalkalden in Thüringen blickt auf eine über 120-jährige Tradition. Nach der Wende setzte

Klassische maritime Souvenirs

man den Kurs geschickt fort und feiert heute mit vielen Filialen in Ostdeutschland große Erfolge. Neben den Nugatvarianten sind Marzipan, Pralinen, Fruchtschnitten und die beliebten Frucht- und Mintkissen im Angebot. In Rostock sind im Geschäft auch hübsche Verpackungen mit Rostocker Motiven sowie individuell dekorierte Pralinen erhältlich. Da findet man leicht ein süßes Andenken mit regionalem Touch.

Kunsthandwerk

18 [I F2] **Bernsteinhaus Rostock,** Wollenweberstr. 46, www.bernsteinwerkstatt.de, Tel. 4900370, Mo.–Sa. 10–18 Uhr. Werkstatt und Geschäft der Familie Herloff befinden sich in der Rostocker Altstadt. Ostseebernstein wird hier mithilfe vieler verschiedener Materialien zu einzigartigen Kunststücken verarbeitet. In der Rostocker Werkstatt sind auch Einzelanfertigungen und Reparaturen möglich. Am Alten Strom in Warnemünde (Liegepl. 10) dient der Bernsteinkutter dem saisonalen Verkauf (Apr.–Okt. tgl. 10–18, Nov.–März Fr./Sa. 11–17 Uhr, Jan. geschl.).

19 [I D3] **Galerie Klosterformat,** Klosterhof 5, www.klosterformat.de, Tel. 5108577, Di.–Sa. 11–18 Uhr. Verkaufsausstellung von Keramik, Glas, Holz, Schmuck, Malerei und Grafik über drei Etagen. Es gibt wechselnde Aussteller und eine Fundgrube. Ein besonderer Tipp sind die Künstlerschalen und Tassen.

20 [II C4] **Gleis 4 Schauwerkstatt,** Am Bahnhof 9, Warnemünde, www.gina-benndorf.de, Tel. 1276089, Mi.–Sa. 12–18 Uhr. Gold und Silber wird hier in Unikate verwandelt. Zur Schauwerkstatt gehört eine Galerie mit wechselnden Ausstellungen anderer Künstler. Die Spezialität von Gina Benndorf sind Stücke mit Bernstein-, Muschel- und Edelsteineinsätzen sowie silberne Motivmünzen.

21 [I D2] **Goldschmiede Anette Klook,** Wokrenterstr. 34, www.rostock-schmuck.de, Tel. 5108620, Mo.–Fr. 11–18, Sa. 10–12 Uhr, Dez. Sa. bis 16 Uhr. Meisterwerkstatt für individuelle Goldschmiedearbeiten. Bekannt sind die Stadtringe mit der Rostocker Silhouette und weitere Schmuckstücke mit lokalen Motiven.

22 [I A3] **Gusti Leder**, Barnstorfer Weg 17, www.gusti-leder.de, Tel. 3676730, Mo.–Fr. 10–19, Sa. 10–18 Uhr. Christian Pietsch bietet Taschen, Rucksäcke und Accessoires in Vintage- und modernem Stil an. Alle Produkte stammen aus ökologischer Herstellung und sind fair gehandelt.

23 [I D2] **Zweigeteilt Kunsthandwerk und Wohndesign**, Wokrenter Str. 33, www.zweigeteilt-rostock.de, Tel. 1279123, Mo.–Fr. 9–16, Sa. 10–12 Uhr. Der kleine Laden führt verschiedenstes Kunsthandwerk aus der Region und der ganzen Welt, z. B. Porzellan aus Rostock sowie handgeschöpfte Seifen und Grußkarten aus Schwerin.

Geräucherter Heilbutt vom Markt

EXTRATIPP

Schokoladerie de Prie

Rostock hat seit 2005 seinen eigenen Chocolatier. **Ulrich Deprie** hat als **Quereinsteiger** Mut zur Innovation und das richtige Gespür für den Geschmack der Rostocker bewiesen. Hinter der Scheibe des Trüffeltresens reihen sich über 70 klassische und ausgefallene Sorten aneinander. Ganzjährig sind die süßen Souvenirs gefragt; zu Weihnachten und Ostern sind die in Handarbeit gefertigten Figuren der Renner. Auch Eis, Torten und Kuchen werden vor Ort selbst hergestellt. Eine Empfehlung sind die **Wellness-Tafeln**, der hausgemachte **Kalte Hund** und die heiße **Trinkschokolade** mit Sahne im Winter. Regelmäßig lassen sich **Seminare und Verkostungen** buchen.

29 [I B1] **Schokoladerie de Prie – Stammhaus,** Warnowufer 59, am Stadthafen, www.schokoladerie.com, Tel. 3759954, tgl. 10–18, Juni–Aug. bis 20 Uhr

30 [II C3] **Warnemünder Schokoladenhaus,** Am Strom 63, Warnemünde, www.schokoladerie.com, Tel. 4405386, tgl. 10–18 Uhr

Maritimes und Souvenirs

24 [II D4] **Karls Pier 7,** Am Passagierkai 1, Warnemünde, www.karls.de/warnemuende, Tel. 038202 4050, April–Aug. tgl. 8–20, bei Schiffsanläufen auch bis max. 22 Uhr. Außenstelle des bekannten Karls Erlebnisdorf Rövershagen am Kreuzfahrtkai Warnemünde. Dazu gehören ein Bauernmarkt mit vielfältigen regionalen Produkten, gastronomische Angebote mit Blick auf die Schiffe und eine Ausstellung von Sandskulpturen (Sandwelt). Tradition haben die Erdbeeren als Torte, Marmelade, Wein, Tee oder pur zum Naschen.

› **Rostockshop**, im KTC Rostock (s. S. 62), 1. OG, www.rostockshop.de, Tel. 12185380, Mo.–Sa. 9.30–20 Uhr. Shirts, Taschen, Accessoires und vieles mehr mit Rostock-Schriftzug oder dem beliebten Rostock-Fisch. Auch Souvenirs vom Rostocker Zoo und dem Eishockey-Club Piranhas erhältlich.

› **Rostock Touristik** (s. S. 78). Im Laden dieses Tourenanbieters lassen sich klassische Mitbringsel und maritime Geschenkartikel erwerben.

25 [II C3] **Sammlerstübchen,** Am Strom 84, Warnemünde, Tel. 0179 3240947, Mo.–Fr. 10.30–17.30, Sa. 10–17 Uhr. Der kleine Laden an der Bummelmeile Alter Strom ist eine wahre Fundgrube. Literatur über Warnemünde, Sammlerstücke mit maritimem Bezug, Kunsthandwerk und auch das eine oder andere Andenken gehören zum Angebot. Man entdeckt Neues und längst Vergessenes und kommt mit dem Inhaber sicher ins Gespräch.

Mode und Accessoires

26 [I F3] **Kontor Wohnen und Mode,** Mühlenstr. 12, www.kontor-rostock.de, Tel. 4900415, Mo.–Fr. 10–19, Sa. 10.30–16 Uhr. Exklusive Boutique in der östlichen Altstadt, betrieben von Mutter und Tochter. Neben anspruchsvoller Mode gibt es auch exklusive Möbel und Wohnaccessoires.

27 [I D2] **Luise Mode & Grafik,** Eselföter Str. 3, www.luise-rostock.de, Tel. 3777815, Mo.–Fr. 11–19, Sa. 11–18 Uhr. Der privat geführte Modesalon bietet Kleidung bekannter und aufstrebender Designer und eine umfangreiche Beratung. Zusätzlich werden in den Räumen Grafiken von Jürgen Weber präsentiert und bei Kaufinteresse der Kontakt zum Künstler hergestellt.

28 [I E3] **Mooi. fashion and living,** Kistenmacher Str. 19, www.mooi-rostock.com, Tel. 87761966, Mo.–Sa. 10–19 Uhr. Daniela und Wibke verkaufen ausgefallene Bekleidung und

Rostock preiswert

- *Eine **preisgünstige Stadtrundfahrt** lässt sich jederzeit **mit der Straßenbahn** unternehmen. Einfach einen Einzelfahrschein (2,10 €) oder eine Tageskarte (5,20 €) kaufen und z. B. mit **Linie 6** zwischen Hauptbahnhof (s. S. 59) und Zoo (s. S. 76) oder mit **Linie 5** von der Südstadt bis nach Lichtenhagen [af] die wichtigsten Sehenswürdigkeiten Rostocks bequem passieren.*
- *Wer plant, viel zu unternehmen, für den ist die **RostockCard** (12 € für 24 Std., 16 € für 48 Std., erhältlich in den Touristinformationen, s. S. 71) eine gute Investition. Neben freier Fahrt im ÖPNV und der Teilnahme am Stadtrundgang (s. Stadttouren zu Fuß, S. 77) gibt es viele Ermäßigungen bei Ausstellungen, Gastronomie und Freizeitaktivitäten.*
- *Die meisten der **Rostocker Museen** verzichten in ihren Dauerausstellungen auf eine Eintrittsgebühr und bitten stattdessen um eine **Spende,** so z. B. das Kulturhistorische Museum ⓫, die Kunsthalle (s. S. 74), die Societät Rostock maritim (s. S. 74) und die Dokumentations- und Gedenkstätte in der ehemaligen Stasi-U-Haft (s. S. 73).*
- *Wer sich die klassische Hafenrundfahrt (s. S. 78) nicht leisten möchte, kann mit dem **ÖPNV-Fahrschein** (Fährkarte 1,40 €) **mit der Fähre** vom Stadthafen ⓭ nach Gehlsdorf [bh] übersetzen. Während der 10–15 Min. dauernden Fahrt eröffnet sich ein schöner Ausblick auf die Stadt. Der Promenadenweg in Gehlsdorf lädt zu einem kleinen Spaziergang ein. Die Rückfahrt erfolgt mit der Fähre oder dem Linienbus 45 ab Fährstr. über Dierkower Kreuz (Umstieg in Straßenbahn 1, 2, 3, 4) in die Altstadt.*
- *Ein besonderes Erlebnis ist die **Mittagsandacht in der Marienkirche** ❸ – die Kirche bittet Besucher lediglich um eine Spende. Um 12 Uhr kann man den Apostelumgang an der astronomischen Uhr (s. S. 31) verfolgen, ein kurzes Orgelspiel hören, danach für 10 Min. zur Ruhe kommen und zur Andacht bleiben (Mai–Sept.).*
- *Der **Hunger** lässt sich in Rostock durchaus für wenig Geld stillen. In der Fußgängerzone **Kröpeliner Straße** ㉑ bieten der Imbiss Portola (s. S. 70) und die Kröpikeller Kantineria (s. S. 69) einen **guten und preiswerten Mittagstisch** ab ca. 4 € an. Die bekannten Fast-Food-Ketten sind auch vertreten. In den studentisch geprägten Lokalen in der Kröpeliner-Tor-Vorstadt ㉔, z. B. Vegangster (s. S. 70) oder Little Money (s. S. 68), isst man günstig. Beliebt ist zudem **Best Kebap** (s. S. 70) am Doberaner Platz.*

Accessoires, unter anderem niederländisches (mooi = hübsch) und dänisches Design.

🛍**31** [I D2] **Rosenrot,** Lange Str. 5, www.rosenrot-rostock.de, Tel. 4902900, Mo.–Sa. 10–18 Uhr. Annette Bielke verwirklichte ihren Traum und verkauft heute Schönes und Ausgefallenes zum Verschenken und Dekorieren. Neben Geschirr, Lampen, Kleinmöbeln und Kissen sind auch Spielzeug, Bücher und Dekomaterialien im Angebot. Die Produkte stammen von jungen europäischen Designern.

Bücher und Musik

32 [I B3] **andere Buchhandlung,** Wismarsche Str. 6/7, nahe Doberaner Pl., www.anderebuchhandlung.de, Tel. 492050, Mo.–Fr. 9–19, Sa. 9–16 Uhr. Klassische, privat geführte Buchhandlung, die seit 1990 besteht. Offeriert wird ein breites Sortiment mit vielen regionalen Autoren. Regelmäßige Lesungen und andere Veranstaltungen.

33 [II C2] **Coaast Schallplattencafé,** Am Leuchtturm 4, Warnemünde Tel. 5191100, Di.–So. 10–18 Uhr. Kult-Plattenladen in Warnemünde mit einer großen Auswahl an neuen sowie gebrauchten CDs und Schallplatten. Dazu gibt es ein kleines Stehcafé, Ticketverkauf für Musikveranstaltungen und eigene Events.

34 [I E3] **Norddeutsches Antiquariat,** Kröpeliner Str. 15/Ecke Buchbinderstr., 2. OG, Tel. 4923693, Mo.–Fr. 10–18, Sa. 10–13 Uhr. Das alteingesessene Antiquariat existiert bereits seit 1955 in Rostock. Schwerpunkt sind Orts- und Landeskunde Mecklenburg-Vorpommerns und Verkehrsgeschichte.

Kindermode und Spielzeug

35 [I B2] **Mira Stoffladen & Kinderladen,** Neue Werderstr. 4, www.mirarostock.de, Tel. 3837533, Mo.–Fr. 10–18, Sa. 10–13 Uhr. Kunterbunte, fantasievolle Kinderkleidung u. a. mit skandinavischen Marken. In der Filiale in der Doberaner Str. 160 gleich um die Ecke gibt es auch Frauenmode und ein großes Stoffangebot zum Selbstschneidern.

Gastro- und Nightlife-Areale
Bläulich hervorgehobene Bereiche in den Karten kennzeichnen Gebiete mit einem dichten Angebot an Restaurants, Bars, Klubs, Discos etc.

36 [I E3] **Wupatki,** Rungestr. 17, Hopfenmarkt, www.wupatki.de, Tel. 4996849, Mo.–Fr. 10–19, Sa. 10–16 Uhr. Spielzeuggeschäft in der Rostocker City mit umfangreichem Angebot an Spielwaren jeder Art. Wunderbares Holzspielzeug und nette, engagierte Beratung.

Hervorhebenswerte Lokale

Gut und lecker essen kann man in Rostock vielerorts. Zwar sind **Gourmetrestaurants** eher rar gesät, aber es gibt jede Menge Lokale mit vielseitigen saisonalen und regionalen Gerichten auf der Speisekarte, die sättigen und hervorragend schmecken. Das **Preisniveau** in den Rostocker und Warnemünder Speisestätten ist moderat; Touristennepp gibt es wenig. Tagsüber sind oft **günstige Mittagsgerichte** zu haben.

Rostock kulinarisch

Fisch spielt natürlich eine große Rolle an der Küste und wird in vielen Variationen angeboten (s. Kleine Fischkunde S. 108). Hering und Dorsch sind die beliebtesten Speisefische. **Dorsch** isst man gern gebraten mit Bratkartoffeln und Senfsoße oder gekocht mit Salzkartoffeln und Dillsoße. Der **Hering** kommt gebraten, grün oder in Gelee auf den Tisch. Für den schnellen Hunger zwischendurch empfiehlt sich ein **Backfischbrötchen** am Stand in Warnemünde (s. Fischbrötchen, der traditionelle Snack, S. 55).

Fleisch isst der Mecklenburger ebenfalls gern, in Rostock vorzugsweise in Form der **Rostocker Brat- oder Currywurst,** einer Bratwurst ohne Darm, die häufig frittiert wird. Eine weitere Spezialität ist die **Rostocker Rauchwurst** – ein Klassiker bei Veranstaltungen wie der Hanse Sail oder dem Weihnachtsmarkt (beide s. S. 10). Ansonsten gibt es hier ähnliche Gerichte wie auch im gesamten Norden, beispielsweise Mecklenburger Rippenbraten mit Backpflaumen und Rotkohl, Sauerfleisch im Weckglas mit Bratkartoffeln oder den schmackhaften Birnen-Bohnen-Speck-Eintopf.

Ein gutes Essen wird mit einem **Rostocker Pils** heruntergespült und mit einem **Kümmelschnaps** abgerundet. An kalten Tagen schmeckt neben dem klassischen **Grog** vor allem ein **heißer Sanddornsaft** – das wärmt von innen!

Regionale Küche

37 [II C4] **Bier- und Branntweinkontor** €€, Am Strom 49, Warnemünde, www.branntweinkontor.de, Tel. 5190484, Di.–Fr. 17–24, Sa./So. 12–24 Uhr. Uriges Traditionslokal am Südende des Alten Stroms. Deftige Fisch- und Fleischgerichte sowie eine große Getränkeauswahl. Whisky-Spezialitäten.

38 [I C1] **Braugasthaus Alter Fritz** €€, Warnowufer 65, www.alter-fritz.de, Tel. 208780, tgl. von 11-1 Uhr. Gemütliches Lokal mit Brauhausklassikern und Kreationen aus regionalen Produkten. Das Bier kommt von der Störtebeker Braumanufaktur aus Stralsund.

39 [I E2] **Burwitz Legendär** €€, Neuer Markt 16, www.burwitz-legendär.de, Tel. 37566733, Mo.–Sa. 9–24, Fr./Sa. 9–1, So. 9–24 Uhr. Gemütliches und junges Lokal im historischen Gebäude direkt am Neuen Markt. Außenplätze mit Aussicht auf das Rathaus. Snacks und lokale Speisen sowie eine umfangreiche Getränkekarte werden angeboten, ebenso ein Mittagstisch.

40 [I B1] **Carlo615** €€€, Warnowufer 61, www.carlo615.de, Tel. 7788099, Mo.–Sa. 12–23, So. 11–23 Uhr. Carsten Loll serviert hervorragende regionale Speisen mit Warnowblick. Das Preisniveau ist etwas höher. Am Sonntag wird ein Schlemmerbrunch angeboten und es finden auch regelmäßig Jazzkonzerte und andere Kulturveranstaltungen statt.

41 [II C3] **Herberts** €€, Am Bahnhof 1 c, Warnemünde, www.herberts-warnemuende.de, Tel. 4405530, Mo.–Fr. 12–23, Sa./So. 11–23 Uhr. Restaurant im Stromdampfer genannten Bau mit toller Sicht auf den Alten Strom. Es wartet mit reichlich Außensitzplätzen auf mehreren Etagen und einer abwechslungsreichen Speisekarte mit vielfältigen Fischgerichten auf.

42 [I A1] **Otto's Restaurantschiff** €€-€€€, Am Stadthafen 70, www.ottos-restaurantschiff.de, Tel. 0160 3768356, tgl. 11.30–22 Uhr. Ein Neuzugang in der Rostocker Gastronomie ist das erste Restaurantschiff auf der Warnow. Die Küche ist exzellent, mit vielen Fischgerichten. Mittags wird eine kleine Karte mit wechselnden Speisen angeboten. Ein lohnenswertes Ziel in Verbindung mit einem Spaziergang am Hafen. Reservierung empfohlen.

43 [I F2] **Petrikeller** €€, Harte Str. 27, www.petrikeller.de, Tel. 455855, Di.–So. ab 18 Uhr. Mittelalterschenke in der Rostocker Altstadt. „Tafeln und Bechern" im alten Gewölbe mit hohem Erlebniswert. Es gibt deftige Gerichte und dazu oft Spielmannsmusik.

› **Teepott Restaurant** €€€, im Teepott 29, Warnemünde, www.teepott-restaurant.de, Tel. 5484588, tgl. 11–24, Küche

Restaurantkategorien

€	bis 10 €
€€	10–16 €
€€€	16–25 €

Preise jeweils für ein Hauptgericht am Abend ohne Getränke.

bis 23 Uhr. Das Restaurant im Warnemünder Teepott bietet Außenplätze mit Strand- und Ortsblick. Die Küche ist regional geprägt, mit mediterranen Komponenten. Frischer Fisch von der Tageskarte.

44 [I D1] **Zur Kogge** €€, Wokrenterstr. 27, www.zur-kogge.de, Tel. 4934493, Apr.–Dez. tgl. ab 11.30, Jan.–März Mo.–Fr. ab 16, Sa. ab 12 Uhr. Traditionelle, maritime Atmosphäre und gutbürgerliche Küche mit Regionalspeisen findet man in der Kogge – und das bereits seit mehr als 150 Jahren.

Aus aller Welt

45 [I E4] **Bombay Haus** €, Richard-Wagner-Str. 6a, www.bombay-haus.com, Tel. 4909850, tgl. 11–22 Uhr. Indisches Restaurant mit umfangreicher Karte. Am Sonntag wird ein günstiges Mittagsbuffet angeboten. Gemütliche Einrichtung mit indischem Touch.

46 [I E1] **Da Vinci Ristorante** €€€, Am Strande 2b, www.davinci-rostock.de, Tel. 46086450, tgl. 11-23 Uhr, WLAN. Original italienische Küche auf hohem Niveau. Das Restaurant ist elegant und gleichzeitig gemütlich. Tolle Aussicht auf den Stadthafen.

47 [I E3] **L'Osteria** €€, Steinstr. 9, www.losteria.de, Tel. 37549844, Mo.–Sa. 11–24, So. 12–24 Uhr. Pizza, Pasta und andere italienische Spezialitäten werden in legerer Atmosphäre serviert. Das Lokal ist Teil eines Franchise-Systems. Günstiges Menü der Woche.

48 [bi] **Little Money** €, Ulmenstr. 37, www.littlemoney-rostock.de, Tel. 4031199, Di.–So. 12–24 Uhr. WLAN. Typisches American Diner mit studentischem Publikum. Hier gibt es Burgerkreationen, Wraps und Fingerfood.

49 [I E2] **Old Western** €€, Lange Str. 23, www.old-western.de, Tel. 4995252, tgl. 11.30–23 Uhr. Für Liebhaber guter Steaks und leckerer Burger ist dieses Restaurant eine der Top-Empfehlungen. Die Küche ist amerikanisch, vor allem kalifornisch inspiriert. Viele Steaks sind in Bioqualität erhältlich und stammen von Rindern aus Mecklenburg.

033ro Abb.: tm

Cafés, Imbisse und Bistros

50 [I F3] **A Rebours** €, Am Wendländer Schilde 5, www.cafe-arebours.de, Tel. 1276216, Mo.–Sa. ab 9, So. 10–18 Uhr. In der östlichen Altstadt nahe der Nikolaikirche befindet sich dieses Café, das gleichzeitig Bar und Restaurant ist. Hier können auch Morgenmuffel in Ruhe wach werden und finden sich Ecken für private Gesprächsrunden. Bei gutem Wetter stehen einige Außenplätze zur Verfügung. Die Küche bietet frisch zubereitete, herzhafte Gerichte und Kuchen. Ein Tipp ist die Tagessuppe.

51 [I D3] **Café Heumond** €, Herrmannstr. 36, www.heumond.de, Tel. 455970,

Urige Seemannskneipe im Rostocker Stadthafen **13***: Zur Kogge*

Mo.–Sa. 12–24, Küche bis 21.30 Uhr. WLAN. Das Heumond ist als Café und Veranstaltungsort für Lesungen beliebt und liegt in der Nähe des Universitätsplatzes in den Rostocker Wallanlagen. Die wöchentlich wechselnde Karte bietet auch Vegetariern und Veganern eine gute Auswahl für einen Imbiss.

52 [I F3] **Café in der Likörfabrik** €, Grubenstr. 1, www.cafes-in-rostock.de, Tel. 3777654, tgl. 9–24 Uhr. Untergebracht in der ehemaligen Likörfabrik, bietet dieses Café viele schöne, behagliche Außensitzplätze. Beliebt ist das Frühstück, aber auch Mittagstisch und À-la-carte-Abendkarte sind empfehlenswert.

53 [I B3] **Café Käthe**, Barnstorfer Weg 10, www.cafe-rostock.de, Tel. 37778949, tgl. 10–24 Uhr. Im Szeneviertel KTV gelegen, bietet das Café vom Frühstück bis zum Abendessen eine reichhaltige Auswahl. Im Käthe gibt es auch eine Kleinkunstbühne.

54 [I D3] **Café Kloster,** Klosterhof 6, Tel. 3757950, Mo.–Sa. 11–19 Uhr. Im idyllischen Hof des Klosters zum Heiligen Kreuz ist dieses kleine Café in einem historischen Fachwerkhaus beheimatet. Im Garten findet der Gast schöne Sitzplätze, im Inneren eine teils erhaltene barocke Innenausstattung. Die Rostocker DRK-Werkstätten betreiben das Café und geben damit behinderten Menschen eine Möglichkeit zur sinnvollen Beschäftigung. Auf der Karte stehen neben Kuchen und Waffeln auch Suppen und Aufläufe nach Tagesangebot.

55 [I F2] **Die Grüne Kombüse** €€, Grubenstraße 47, www.gruenekombuese.de, Tel. 21081832, Di.–Fr. 17–21, Sa. 12–22 Uhr. Vegetarische hausgemachte, leckere Gerichte aus regionalen Produkten. Der Imbisswagen der Kombüse steht mehrmals in der Woche 9–17 Uhr auf dem Rostocker Wochenmarkt.

56 [I E3] **Eiswerkstatt** €, Kröpeliner Str. 18, Hopfenmarkt, www.eiswerkstatt-rostock.de, Tel. 87722533, tgl. 10–20 Uhr. Hier gibt es Eis zum Mitnehmen oder zum Vernaschen gleich vor Ort. Neben original DDR-Softeis sind auch Frozen-Yogurt-Spezialitäten, Waffeln und Getränke erhältlich.

009ro Abb.: tm

Die alte Likörfabrik Krahnstöver in der östlichen Altstadt. Das historische Gebäude beherbergt heute ein gemütliches Café (s.links).

57 [II B3] **Guido's Coffeebar,** Kirchenpl. 7, Warnemünde, www.guidos-coffee.de, Tel. 5484985, tgl. ab 8 Uhr, WLAN. Ein beliebter Treffpunkt für Einheimische und Urlauber im Schatten der Warnemünder Kirche ist Guido's Coffeebar mit vielen Varianten an Kaffee, Tee, Kakao, Shakes und kühlen Getränken. Das Frühstücksangebot ist umfangreich; später am Tage genießt man kleine Snacks wie Panini und Sandwiches. Im Winter gibt es draußen an der Bude Glühwein.

58 [I D2] **Kröpikeller Kantineria,** Kröpeliner Str. 57, www.kroepikeller-kantineria.de, Tel. 87761346, Mo.–Sa. 11–15

EXTRATIPPS

Lecker vegetarisch

› **Café Heumond** (s. S. 68)
› **Die Grüne Kombüse** (s. S. 69)
61 [I A3] **Vegangster** €, Waldemarstr. 12, Di.–Fr. 11.30–21, Sa./So. 14–22 Uhr. Hier wird ausschließlich vegan gekocht. Es gibt Suppen, Burger, vegane Döner, Lángos (ungarisches Schmalzgebäck) und weitere kleine Gerichte zu günstigen Preisen.

Für den späten Hunger

62 [I B2] **Best Kebap** €, Barnstorfer Weg 52, www.bestkebap.de, tgl. 10–5 Uhr. Für viele einer der besten Döner der Stadt. Große Auswahl an Kebap-Varianten und frischen Salaten. Direkt im Ausgehviertel KTV gelegen.

Lokale mit guter Aussicht

› **Bier- und Branntweinkontor** (s. S. 67). Rustikale Küche mit Sicht auf den Alten Strom und das historische Warnemünde.
› **Carlo615** (s. S. 67). Tolles Panorama vom Stadthafen.
› **Herberts** (s. S. 67). Ideale Aussicht auf den Alten Strom 26 in Warnemünde.
› **Otto's Restaurantschiff** (s. S. 67). Mit Blick auf die Warnow.
› **Sky-Bar** (s. S. 80). Ausblick auf Warnemünde und die Ostsee aus dem 19. Stock des Hotel Neptun.

Raucher willkommen

Die meisten Restaurants und Cafés in Mecklenburg-Vorpommern sind seit einigen Jahren rauchfrei, d. h. es darf nicht mehr oder nur in komplett abgetrennten Räumlichkeiten geraucht werden. In Rostock werden Raucher hier fündig:

› **b sieben** (s. S. 79). Raucherkneipe.
63 [I E3] **Havanna Bar** im Steigenberger Hotel Sonne, Neuer Markt 2, tgl. 18–1 Uhr. Kubanisches Flair mit Drinks und Zigarren sowie kleinen Snacks.
› **Pleitegeier²** (s. S. 79). Raucherkneipe.

Uhr. Günstige und gemütliche Kantine mitten in der Einkaufsstraße. Täglich werden drei leckere, preiswerte Gerichte sowie Salatbeilage und Dessert offeriert. Die Kantine liegt im Gewölbekeller eines historischen Gebäudes.

› **Portola** €, in der Galerie Rostocker Hof (s. S. 61), EG, www.portola.de, Tel. 4903285, Mo.–Sa. 8–20 Uhr, WLAN. Die Einkaufspassage in der Rostocker Fußgängerzone beherbergt dieses Bistro. Die Rostocker nutzen das frische Angebot an Fisch, Fleisch, Pasta und Salat gern für eine Mittagspause, aber auch Touristen finden sich hier ein. Die Auswahl ist groß und die Preise sind ausgesprochen günstig. Mi.–Sa. wird hier Sushi kredenzt. Zusätzlich gibt es in der Breiten Straße einen Grillimbiss mit leckeren Pommes und Bratwurst sowie Burgern:

59 [I D2] **Portola Grill** €, Breite Str. 12, Mo.–Sa. 10–20.30 Uhr

60 [II B3] **Ringelnatz,** Alexandrinenstr. 60, Warnemünde, www.ringelnatz-warnemuende.de, Tel. 20746407, tgl. außer Di./Mi. 9–18 Uhr, WLAN. In der idyllischen Achtereeg („hintere Reihe") Warnemündes gelegen, ist das Ringelnatz zugleich Café, Galerie und Veranstaltungsort. Im Angebot sind frische Säfte, Kaffeespezialitäten, Frühstück und mediterrane Köstlichkeiten. Der Namenspate Joachim Ringelnatz soll bei seinen Warnemünde-Besuchen als junger Matrose gern im damaligen Café Meyer ganz in der Nähe gesessen und gedichtet haben.

Informationsstellen

Infostellen in der Stadt

64 [I D3] **Tourist-Information Rostock,** im Barocksaal, Universitätsplatz 6, www.rostock.de/urlaub-freizeit/tourist-info-standorte.html, Tel. 0381 3812222, Mai–Okt. Mo.–Fr. 10–18, Sa./So. 10–15, Nov.–Apr. Mo.–Fr. 10–17, Sa. 10–15 Uhr. Wichtigste Informationsstelle der Tourismuszentrale, auch Zimmervermittlung. Stadtrundfahrten und Rundgänge beginnen hier.

65 [II C4] **Tourist-Information Warnemünde,** in der Vogtei, Am Strom 59, www.rostock.de/urlaub-freizeit/tourist-info-standorte.html, Tel. 0381 3812222, Mai–Okt. Mo.–Fr. 10–18, Sa./So. 10–15, Nov.–Apr. Mo.–Fr. 10–17, Sa. 10–15 Uhr. Äquivalent zur Zentrale in der Innenstadt. Hier sind auch Karten für Veranstaltungen und Angelscheine für Touristen erhältlich. Von Juni bis September gibt es auch eine Außenstelle in Markgrafenheide.

Rostock im Internet

- **www.rostock800600.de:** Alle Infos rund ums Doppeljubiläum Stadt- und Universitätsgründung 2018/19. Mit Veranstaltungskalender („Highlights").
- **www.rostock.de:** zentrales Portal der Stadt für Besucher und Bewohner mit Zimmervermittlung, touristischen Angeboten und Hinweisen zu Sehenswürdigkeiten
- **www.0381-magazin.de:** Rostocker Stadt- und Kulturmagazin mit Neuigkeiten, Veranstaltungskalender und Sammlung relevanter Adressen
- **www.der-warnemuender.de:** private Homepage mit umfangreichen Informationen zum Seebad Warnemünde, so zum Beispiel Unterkunftslisten, Restaurantempfehlungen, News und Veranstaltungstipps

Publikationen und Medien

Die zwei großen **Tageszeitungen** in Rostock sind die **Ostsee-Zeitung** (www.ostsee-zeitung.de) und die **Norddeutschen Neuesten Nachrichten** (www.nnn.de) mit ihren Lokalteilen. Die Ostsee-Zeitung produziert im Sommer eine besondere Beilage mit touristischen Tipps: Im **Sommermagazin** liest man über Aktivitäten und Veranstaltungen. Des Weiteren findet man das **Stadtmagazin 0381** (www.0381-magazin.de) und das **Szenemagazin Piste** (www.piste.de) an vielen Stellen in der Stadt. Diese bieten, ebenso wie auch der **Rostock & Warnemünde Navigator,** hauptsächlich Veranstaltungsempfehlungen. Hochglanzmagazine wie **Rostock delüx** und **HRO Life** sind für Ortsansässige wie Urlauber interessant und liegen z. B. in der Kantine Kröpikeller (s. S. 69) aus.

Segelfans warten auf die jährliche Ausgabe des **Hanse Sail Magazins;** es gibt auch eine Broschüre mit den Anlaufdaten der Kreuzfahrtschiffe in Warnemünde.

Internet und Internetcafés

WLAN-Hotspots gibt es mittlerweile an mehreren Stellen in der Stadt, z. B. am Neuen Markt ❶, am Universitäts-

034ro Abb.: tm

Unsere Literaturtipps

- *Goyke, Frank.* ***Mörder im Gespensterwald,*** *Hinstorff Verlag, 2012. Ein packender Krimi aus und über Rostock. Die Kommissare Uplegger und Riedbiester müssen den vierfachen Mord an einer schwedischen Familie aufklären. Weitere Rostock- und Ostseekrimis des Autors sind ebenfalls lesenswert.*
- *Czarkowski, Thorsten.* ***Rostock-Album Band 1+2,*** *2014–2016. Eine Sammlung von Bildern und Erlebnissen aus den letzten Jahrzehnten Rostocker Lebens, gesammelt von der Ostseezeitung und dem Hinstorff-Verlag. Die Rostocker haben vieles aus Privatarchiven und Erinnerungsberichten selbst beigesteuert.*
- *Schümann, Matthias et al.* ***Kunstwege. Spaziergänge durch Rostock und Warnemünde,*** *Hinstorff Verlag, 2006. Über 250 Kunstwerke und bildkünstlerische Denkmale prägen Rostocks Stadtbild. Mit politischem Kalkül und feinem Witz sind sie alle einen zweiten Blick wert. Dieses Buch stellt auf zwei Routen die schönsten und wichtigsten Monumente vor.*
- *Weber, Gerhard (Hrsg.).* ***Kempowskis Rostock,*** *Hinstorff Verlag, 2011. Die Spurensuche in der Geburtsstadt von Walter Kempowski führt zu Orten der Familiengeschichte zwischen Stadthafen und Bahnhofsvorstadt. Ausgewählte Texte aus seinen Büchern und passende historische Fotos lassen das Rostock der 1930er- und 1940er-Jahre wieder lebendig werden.*
- *Perten, Hanns Rainer et al.* ***Schorler. Ein Rostock-Roman,*** *Verlag Redieck & Schade, 2017. Der Roman zum großen Stadtjubiläum 2018. Eine teils fiktive, teils reale Biographie des Rostockers Vicke Schorler, welcher die Stadt in seiner einzigartigen Chronik verewigt hat.*

platz 16, am Doberaner Platz [I B2], in der Straße Am Strande (Stadthafen 13) und in Warnemünde (Heinrich-Heine-Str. [II B3], Georginenstraße [II B/C2]) – 30 Min. lang kann man hier **kostenfrei surfen.** Auch in der Zentralstelle der Stadtbibliothek 22 können Gäste kostenlos 30 Min. ins Internet gehen. In den Einkaufszentren surft man nun während des Einkaufsbummels kostenfrei im Internet. **Einige Cafés** bieten ihren Gästen WLAN an; weit verbreitet ist der Service aber bei den Cafébetreibern nicht. Klassische Internetcafés findet man in der Rostocker City nicht.

Kunst und Museen

Rostocks Museumslandschaft durchlebt **Höhen und Tiefen.** Durch die angespannte ökonomische Lage kann nicht alles nach dem Wunsch der Museologen ausgestellt werden. Trotzdem bieten sich dem interessierten Besucher spannende und außergewöhnliche **Ausstellungen an besonderen Orten,** z. B. im ehemaligen Kloster zum Heiligen Kreuz 11.

Im Rahmen der **Langen Nacht der Museen** (s. S. 10) im Oktober kann man spezielle, sonst nicht zugängliche Schätze sehen. Zum **Tag**

des offenen Denkmals (www.tag-des-offenen-denkmals.de) im September öffnen auch viele historische Gebäude in Privatbesitz ihre Türen für Neugierige. Am Pfingstwochenende findet landesweit die **Aktion Kunst:Offen** statt: Künstler und Kunsthandwerker bieten dann Einblick in ihre Ateliers und Werkstätten. Zu den bekanntesten schaffenden Künstlern in Rostock gehören die Bildhauer **Jo Jastram** (1928–2011) und **Wolfgang Friedrich** sowie der Grafiker und Maler **Feliks Büttner.** Letzterer ist besonders für das Kussmund-Design der AIDA-Schiffe bekannt. Selbst an seiner (Wohn-)Windmühle im Ortsteil Lichtenhagen prangt das typische Muster. Der gebürtige Sachse steht für ausgefallene, bunte und moderne Motive. Er unterrichtete auch an der Technischen Kunstschule Rostock.

Museen

66 [I D4] **Dokumentations- und Gedenkstätte in der ehemaligen U-Haft der Stasi in Rostock,** Hermannstr. 34 b, Innenhof Haus der Justiz, www.bstu.bund.de/dug, Tel. 4985651, Di.–Fr. 10–18 (Nov.–Feb. 9–17), Sa. 10–17 Uhr, Eintritt frei, Führungen Mi./Sa. 14 Uhr. Ein Besuch der Ausstellung ist ein eindrucksvolles Erlebnis. In den Zellen erfährt man mehr über die Schicksale der Häftlinge, ihre meist willkürliche Verhaftung, den Ablauf der Befragungen und das tägliche Leben in diesem Durchgangsgefängnis. Sonderausstellungen greifen brisante Themen wie die Flucht über die Ostsee auf. Wer Einsicht in seine Stasi-Akte nehmen möchte, kann hier einen Antrag stellen. Die Gebäude werden heute von der Universität und dem Amtsgericht genutzt. **Längere Schließung wegen Umbaus ab Sept. 2017.**

67 [II C4] **Heimatmuseum Warnemünde,** Alexandrinenstr. 30/31, www.heimatmuseum-warnemuende.de, Tel. 52667, Apr.–Sept. Di.–So. 10–18, Okt.–März Di.–So. 10–17 Uhr, Eintritt: 3 €, erm. 1,50 €. Liebevoll ausgestattetes, kleines Museum zur Geschichte Warnemündes und dem Leben im Ort. Hier findet man ein originalgetreu eingerichtetes Fischerhaus mit Möbeln, Haushaltsgegenständen und Objekten ortstypischen Brauchtums. Die meisten Stücke stammen aus Spenden und Nachlässen Warnemünder Einwohner. Die Dauerausstellung umfasst auch Schaustücke zu Fischerei, Seenotrettung und Badewesen. Über das Jahr werden in Sonderausstellungen besondere Schätze gezeigt. Das Haus ist wegen der alten Fachwerkbauweise ein beliebtes Fotomotiv für Besucher; mit der Gartenbank vor der Tür sieht es wunderbar idyllisch aus.

68 [I D3] **Kempowski Archiv Rostock – ein bürgerliches Haus,** Klosterhof, Haus 3, www.kempowski-archiv-rostock.de, Tel. 2037540, Di.–So. 14–17, Do. auch 9.30–12 Uhr, Eintritt: ab 2 €. Der wohl bekannteste Rostocker Literat ist Walter Kempowski (1929–2007). Mit seinen Romanen und Chroniken, u. a. „Tadellöser und Wolff" und „Das Echolot", hat er wesentlich zur Bewahrung deutscher Geschichte beigetragen. Er gilt als Begründer dessen, was man später „Oral History" nannte: Zeitzeugen berichten, ihre Erinnerungen werden niedergeschrieben oder aufgezeichnet. Hier wird das Werksarchiv des Dichters bewahrt und sein Leben und das seiner Familie anhand von Originalstücken dargestellt. Hörproben mit der Stimme Kempowskis machen mit seinen Werken vertraut.

11 [I D3] **Kloster zum Heiligen Kreuz (Kulturhistorisches Museum).** Im historischen Ambiente des Klosters werden Ausstellungen zur Geschichte der Stadt und des Gebäudes gezeigt (s. S. 38).

69 [ah] **Kunsthalle Rostock,** Hamburger Str. 40, www.kunsthalle rostock.de, Tel. 3817008, Di.–So. 11–18 Uhr, Eintritt frei (außer Sonderausstellungen). Die städtische Kunsthalle von 1969 ist ein Kunstmuseum und Forum für hochkarätige Wechselausstellungen – in den vergangenen Jahren waren u. a. Werke von Günter Uecker, Feliks Büttner und Paul Müller-Kaempff zu sehen. Es ist der einzige Neubau eines Kunstmuseums zu DDR-Zeiten. Schwerpunkte bilden zeitgenössische Kunst der Ostseeanrainer und Werke ostdeutscher Künstler aus den Jahren 1949 bis 1990. Zur Sammlung gehört u. a. Kunst aus Mecklenburg aus dem 20. Jh. Heute wird das Haus erfolgreich durch einen Förderverein bewirtschaftet. Eine Besonderheit ist das Projekt „Rostock kreativ", bei dem Kunstwerke von Laien zwei Wochen lang ausgestellt werden – die Resonanz ist jedes Mal überwältigend.

70 [af] **Schiffbau- und Schifffahrtsmuseum,** Schmarl-Dorf 40, im IGA-Park, S-Bahn s. IGA-Park (25), www.schifffahrtsmuseum-rostock.de, Tel. 12831364, Nov.–März Di.–So. 10–16, Apr.–Juni u. Sept./Okt. Di.–So. 10–18, Juli/Aug. tgl. 10–18 Uhr, Eintritt: 4 €, erm. 2,50 €. Das maritime Museum auf dem Traditionsschiff „MS Dresden" am Warnowufer bietet etliche Erlebnisse für große und kleine Besucher gleichermaßen. Alle Schiffsräume inkl. Maschinenraum, Brücke und Kajüten können besichtigt werden. Die Ausstellung thematisiert die Entwicklung des Schiffbaus vom einfachen Einbaum bis zum modernen Frachter; der Schwerpunkt liegt auf dem DDR-Schiffbau. Im Außenbereich finden sich Großobjekte, u. a. Anker, der Schwimmkran „Langer Heinrich" und das Betonschiff „Capella". Kinder können im Miniport Schiffe fernsteuern. Das ehemalige Schifffahrtsmuseum in der Rostocker Innenstadt musste aus baulichen Gründen schließen; nun wird versucht, soviel wie möglich hier in der früheren Außenstelle zu zeigen. Die Zukunft des Museums wird seit Langem kontrovers diskutiert, nach wie vor ist offen, ob das Schiff in naher Zukunft in den Stadthafen geschleppt wird.

71 [I E3] **Societät Rostock maritim e. V.,** August-Bebel-Str. 1, www.srm-hro.de, Tel. 8579711, Di.–So. 10–18, Bibliothek Di.–Fr. 10–15 Uhr, Eintritt: 3 €, erm. 2 €. Im denkmalgeschützten, ältesten Museumsgebäude der Stadt hat sich der Verein im Jahr 2006 angesiedelt. Bis dahin war hier das Schiffbau- und Schifffahrtsmuseum (s. S. 74) untergebracht. Der Verein macht es sich zur Aufgabe, das Gebäude zu bewahren und das maritime Erbe der Stadt zu präsentieren. Die Ausstellung widmet sich den Themen Seefahrtshistorie, Marine, Handelsschifffahrt zur Hansezeit, Seenotrettung und Anfänge der Dampfschifffahrt. Die obere Etage steht für Sonderausstellungen zur Verfügung. Liebhaber können in der maritimen Bibliothek stöbern.

72 [I D3] **Zoologische Sammlung der Universität Rostock,** Universitätspl. 2, www.zoologie.uni-rostock.de/zoologische-sammlung, Ausstellungsraum EG Mo.–Fr. 10–17, Schaumagazin 2. OG nur 10–14 Uhr, Führungen durch den historischen Sammlungsteil nach tel. Anmeldung (Tel. 4986281), Eintritt frei (Spende erbeten; es steht eine Box bereit). Im ehemaligen Oberappellationsgericht hat die Abteilung Zoologie der Universität Rostock ihr Zuhause. Zur Dauerausstellung gehört der legendäre Pfeilstorch: ein Beweis für den Vogelzug nach Afrika aus dem Jahre 1822. Daneben gibt es eine Wechselausstellung mit thematischem Bezug, z. B. zu den Polarregionen oder zum Thema Evolution. Imposantestes Objekt ist das Präparat des Eisbären Churchill aus dem Rostocker Zoo.

Kunstgalerien

73 [II C3] **Galerie Möller,** Am Strom 68, Warnemünde, www.galerie-moeller.de, Tel. 52436, Mo.–Sa. 10–18, So. 13–16 Uhr, Eintritt frei. Die Galerie ist eine Verkaufsausstellung. Alle sechs Wochen werden neue Werke aus den Bereichen Malerei, Grafik, Plastik, Objektkunst und unikater Schmuck von deutschen, schwedischen und lateinamerikanischen Künstlern präsentiert. Im Portfolio der Galerie Möller befinden sich ungefähr 80 Künstler, deren Werke regelmäßig gezeigt werden.

74 [I F2] **Kunstverein zu Rostock e.V., Galerie Amberg 13**, Amberg 13, www.kunstverein-rostock.de, Tel. 4591222, Di.–So. 14–18 Uhr. Der Kunstverein zu Rostock besteht (mit Unterbrechung in der DDR-Zeit) seit 1840 und verfügte einst über eine umfangreiche Sammlung – heute ist diese größtenteils Bestand des Kulturhistorischen Museums. In der Galerie werden Wechselausstellungen gezeigt und u. a. Editionen und Grafiken verkauft.

Kunst unter freiem Himmel

Bei einem Spaziergang entlang der Rostocker **Stadtmauer** 8 und durch die **Wallanlagen** [I C/D3] lassen sich einige reizvolle Skulpturen entdecken. Auch mitten in der City, zwischen **Universitätsplatz** 16 und **Neuem Markt** 1, findet man etliche Kunstwerke an Gebäuden, in Form von Brunnen oder als Skulpturen. Hervorhebenswerte Beispiele sind das **Fünfgiebelhaus** 17 am Universitätsplatz, der **Brunnen der Lebensfreude** 16 des Bildhauers Jo Jastram und die Fassade der Rostocker Volks- und Raiffeisenbank an der Straße Glatter Aal [I E3]. In **Warnemünde** findet man entlang der **Strandpromenade** 30 sehenswerte Kunst.

Mit Kindern unterwegs

Gutes Wetter vorausgesetzt, ist der **Strand in Warnemünde** ein ideales Ausflugsziel für Familien mit Kindern. In Rostock wird aber auch an Nicht-Strand-Tagen einiges für den Nachwuchs geboten. Bei einer **Hafenrundfahrt** (s. Stadttouren mit dem Schiff, S. 77) können kleine Kapitäne dem großen Steuermann über die Schulter schauen oder aber im **Schiffbau- und Schifffahrtsmuseum** (s. S. 74) selbst ein Boot fernsteuern.

Die Tourist-Information stellt ein eigenes **Ferienprogramm** auf die Beine, u. a. mit Piratenfahrten, Strandspielen, Besuch auf dem Warnemünder Leuchtturm 29 oder dem Seenotrettungskreuzer. Informationen dazu liegen in der **Tourist-Information in Rostock und Warnemünde** (beide s. S. 71) aus; sie sind zudem online unter www.rostock.de/urlaub-freizeit/familienangebote-warnemuende.html zu finden. Auch hier können Familien unterhaltsame Stunden verbringen:

•75 **Kinderland,** Kösterbecker Str. 5, Roggentin, A 19 Abfahrt Rostock-Süd, Bus 123 von Rostock Hbf.-Süd Ri. Broderstorf bis Roggentin/Kösterbecker Str., www.kinderland-rostock.de, Tel. 038204 76840, Mo.–Fr. 14–19, Sa. 10–20, So./Ferientage 10–19 Uhr, Eintritt: Kinder 8,50 € Erwachsene 5 €, Mi. Familientag. Größter Indoorspielplatz in Mecklenburg-Vorpommern mit Kletterturm, Hüpfburg, Trampolin, Rutschen und allerlei Sportfeldern, z.B. für Fußball und Air-Hockey. Für die Eltern gibt es vor Ort ein Bistro.

76 [II B2] **Ostseewelten 5D,** Am Leuchtturm 15, Warnemünde, www.ostsee-welten.de, Tel. 5105044, Erlebniswelten, Kino u. 5-D-Simulator tgl. 10–24 Uhr, Eintritt: Erlebniswelten

5 €, mit 3-D-Doku und 5-D-Show 14 €, weitere Kombiangebote. Das Erlebniswelten-Kino zeigt bekannte Filme in 2-D- bis 4-D-Technik und eigene Produktionen in sogenannter 5-D-Technik inkl. Spezialeffekten wie Wind, Nebel und wackelnden Sitzen. Spannend sind z. B. aktuelle Trickfilme und die Dauerbrenner „Blauer Ozean – Grüne Ostsee" und die Universum-Show in 5-D.

- •77 [ai] **Zoo Rostock,** Barnstorfer Ring 1, Tram 6 bis Zoo, www.zoo-rostock.de, Tel. 20820, Kasse März–Apr. u. Sept.–Okt. tgl. 9–17, Mai–Aug. bis 18, Nov.–Feb. bis 16 Uhr, Tierhäuser u. Darwineum schließen 1 Std. nach Kassenschluss, Eintritt: 16 €, Kinder 4–16 J. 9,50 €. Der Rostocker Zoo wurde bereits 1899 gegründet und zeigt heute 320 Arten von fünf Kontinenten. Mitmachangebote und Spielplätze bieten Abwechslung während des Besuchs. Das 2012 eröffnete Darwineum hat sich zu einem echten Besuchermagneten entwickelt. Hier wird die Evolutionsgeschichte nach Darwin spannend dargestellt. Die interaktive Ausstellung präsentiert mehr als 80 Tierarten, darunter Axolotl, Galapagos-Riesenschildkröten und Blattschneideameisen. In der 4000 m² großen Tropenhalle leben u. a. Gorillas, Orang-Utans und Kattas mit viel Raum zum Spielen und Ruhen. Zum Sommer 2018 eröffnet das neue Polarium für Eisbär & Co.

Radfahren

Rostock ist eine **fahrradfreundliche Stadt.** Es gibt eine umfangreiche Beschilderung der Radrouten zu den wichtigsten Sehenswürdigkeiten und nach Warnemünde. **Radwege** sind überwiegend separat vom motorisierten Verkehr angelegt. In Bus und S-Bahn dürfen Fahrräder gegen Entgelt mitgenommen werden. In der Straßenbahn ist die Mitnahme von Drahteseln begrenzt. In einigen Bereichen der Altstadt wird das Radfahren durch die **Kopfsteinpflasterung** erschwert und in der Fußgängerzone Kröpeliner Straße 21 ist es generell untersagt.

Rund um Rostock führen mehrere attraktive **Fahrradrouten,** so z. B. der Fernradwanderweg Berlin – Kopenhagen und der Ostseeküstenweg Usedom – Lübeck. Hier kann man sich ein **Fahrrad leihen:**

- •78 [bi] **Radstation Rostock,** Konrad-Adenauer-Pl. 4, www.radstation-rostock.de, Tel. 2523990, Mo.–Fr. 10–18, Sa. 10–13 Uhr, Kosten: ab 7 €/Tag
- •79 [II B4] **Fahrradverleih Warnemünde,** Mühlenstr. 35, Warnemünde, www.fahrradverleih-warnemuende.de, Tel. 5191049, Mo.–Sa. 9.30–18 Uhr, Kosten: ab 9 €/Tag, E-Bike ab 19 €/Tag

Stadttouren

Mit dem Bus

- › **Stadtrundfahrt im Doppeldeckerbus,** www.rostockerstadtrundfahrt.de, Tel. 0385 48592182, Abfahrten: April–Okt. 10.45–15.15 Uhr alle 90 Min., Nov.–März 10.45 und 12.15 Uhr. Von Warnemünde (Hotel Hübner) April–Okt 10.10 Uhr. Der rote Doppeldecker vom Bus Kontor geht auf große Stadtrundfahrt, moderiert durch Gästeführer live an Bord. Das Ticket ist 24 Std. gültig und somit kann man beliebig unterbrechen. Zustieg ist an mehreren Haltestellen möglich, z. B. Fischerbastion Rostock oder Hbf (InterCity Hotel).
- › **Stadtrundfahrt im Panoramabus,** Busunternehmen M. Scholz, Abfahrt vor der Tourist-Information Rostock (s. S. 71), www.rostock-stadtrundfahrt.de, Tel. 0172 3126507, Abfahrten: Apr.–Okt. tgl. 10–17 Uhr alle 30 Min., Nov.–März 11–15 Uhr stündl., Fahrpreis: 12 €, erm. 10 €. 50-minütige Stadtrund-

fahrt mit Livemoderation im kleinen Panoramabus mit ca. 8–12 Plätzen. Der Bus passiert alle Ecken der Altstadt; die Fahrt bietet somit auch weniger mobilen Gästen einen guten Überblick über die wichtigsten Sehenswürdigkeiten Rostocks.

Zu Fuß

› **Führung durch Rostocks historisches Zentrum,** Treffpunkt: Tourist-Information Rostock (s. S. 71), www.rostock.de (Menüpunkt „Urlaub & Freizeit"/„Stadtführungen und Stadtrundfahrten"), Termine: Mai–Okt. Mo.–Sa. 14, So. 11 Uhr, Nov.–Apr. Sa. 14 Uhr, Kosten: 7 €, frei mit RostockCard (s. S. 65). Der öffentliche Rundgang durch die Rostocker Innenstadt dauert 1,5 Std. und führt zu den wichtigsten Sehenswürdigkeiten der Stadt.

› **Führung durch das Seebad Warnemünde,** Treffpunkt: Tourist-Information Warnemünde (s. S. 71), www.rostock.de (Menüpunkt „Tourismus"/„Rostock entdecken"/„Stadtrundgang/-fahrten"), Termine: Nov.–März Sa. 11 Uhr, Apr.–Okt. Di. 18, Do./Sa. 11 Uhr, Kosten: 7 €, mit Kurkarte 6 €, frei mit RostockCard (s. S. 65). Unter dem Motto „Warnemünn ankieken" führt der Rundgang in ca. 1,5 Std. durch das Seebad und verdeutlicht die Entwicklung vom Fischerdorf zum Badeort.

› **Geschichtswerkstatt Rostock im Kröpeliner Tor** ⓬, www.geschichtswerkstatt-rostock.de (Menüpunkt „Aktuelles"), Kosten: ab 4 €. Zu festen Terminen (s. Website) werden ganzjährig spannende Führungen zu speziellen Themen der Stadthistorie angeboten, z. B. „Zwischen Kröpeliner Tor und St. Petri" oder „Auf den Spuren von Vicke Schorler".

Mit dem Schiff

•**80** [II C2] **Abfahrt MS Baltica (Ostsee-Mini-Kreuzfahrten),** Anleger auf der Mole, Warnemünde, www.msbaltica.de, Tel. 5106790. Preise und Fahrzeiten variieren. Eine 2-std. Schnuppertour auf die Ostsee wird in Kombination mit einer Hafenrundfahrt angeboten, außerdem Fahrten nach Kühlungsborn und Graal-Müritz. Fahrpläne sind online einsehbar (Menüpunkt „Fahrplan/Preise") bzw. am Anleger angeschlagen.

Rostock vom Wasser aus erleben: die Strandlinie der Familie Schütt pendelt zwischen Rostock und Warnemünde

035ro Abb.: tm

› **Hafenrundfahrt u. Strandlinie Rostock – Warnemünde,** Anbieter: Rostocker Personenschifffahrt (Familie Schütt), www.rostocker-flotte.de, www.blaue-flotte.de, Anleger am Stadthafen ⓭ (City-Pavillon/Höhe Schnickmannstr.) und am Neuen Strom [II D3] in Warnemünde, Abfahrten: Ostern–Okt. tgl. meist halbstd. 10.30–min. 15, Nov.–Ostern tgl. 11 u. 14 Uhr ab Rostock, 11 u. 15 Uhr ab Warnemünde, Fahrpreis: 12 €, erm. 6 €. Tolle Aus- und Einblicke bietet eine Schiffsfahrt auf der Warnow. Durch den Stadt-, den Fischerei- und den Überseehafen geht es zur Warnowmündung mit Sicht auf die Ostsee. Dazu gibt der Kapitän launige Kommentare und erklärt Fähren, Frachter und Werften. Wer möchte, steigt an einem Ende aus und fährt mit einem späteren Schiff zurück. Oder man macht die gesamte 2-std. Rundfahrt mit. Für das leibliche Wohl ist gesorgt.

EXTRATIPP

Nachtwächter- und Henkerrundgang

Wenn es Abend wird in Rostock, schallen seltsame Rufe durch die Gassen der Altstadt: Worte wie aus längst vergangenen Zeiten. Dann trifft man den Nachtwächter und den Henker auf ihren Rundgängen. Interessierte können sich den **geführten Spaziergängen** an festen Terminen anschließen und mehr über die Tätigkeit der beiden erfahren. So war der Nachtwächter für die Einhaltung der nächtlichen Ruhe und Ordnung zuständig und rief auch die aktuelle Stunde, insbesondere die Sperrstunde, aus. Der Henker war früher zweifellos ein gefragter Mann und neben der Exekution der Urteile auch für die Sauberkeit auf den Straßen und die Beaufsichtigung der sogenannten Hübschlerinnen zuständig. Seine Rolle in der Gesellschaft war zugleich sehr zwiespältig. So lassen sich allerlei spannende **Begebenheiten aus der Rostocker Geschichte** aus der Perspektive dieser beiden Nachtschwärmer erfahren.

› **Infos und Buchung:** u. a. bei **Rostock Touristik** (s. rechts), www.rostocktouristik.de (Menüpunkt „Nachtwächterführung") oder bei **Rostock Exklusiv,** www.rostock-exklusiv.de (Menüpunkt „Stadtführungen"/„Thematische Führungen"/„Der Henker!")

› **Stadtpaddeln Rostock,** www.stadtpaddeln-rostock.de, Tel. 0176 62001132, Abfahrten zur Stadthafentour Am Haargraben [I G2] April-Okt. tgl. 10 und 14 Uhr, Preis: 19 €. Rostock aus einer ganz neuen Perspektive sieht man bei der geführten Paddeltour: eine Stadtführung vom Wasser aus, auch für wenig Geübte. Es sind auch Mondscheintouren und Seehafen-Ostseetouren möglich. Um Voranmeldung wird gebeten.

Per Segway

› **Seg-Time,** Startpunkt nach Vereinbarung, z. B. Bahnhof Warnemünde, www.seg-time.de, Tel. 0176 48681816, Kosten: ab 70 € pro Person, max. Gruppengröße pro Guide: 7 Gäste. Angeboten werden ca. dreistündige geführte Segway-Touren durch Warnemünde.

Weitere Buchungsadressen

ⓘ81 [I C1] **Büro Hanse Sail,** Warnowufer 65, www.hansesail.com, Tel. 3812950, Mo.–Fr. 8.30–16.30 Uhr. Veranstalter des Windjammertreffens Hanse Sail (s. S. 10). Ganzjährig sind Tagesausflüge oder Reisen zum Mitsegeln buchbar.

ⓘ82 [I D2] **Rostock Touristik,** Schnickmannstr. 15, www.rostocktouristik.de, www.hansetouristik.de, Tel. 25222944, Mo.–Fr. 10–16, Sa. 10–15 Uhr. Private Touristinformation und Souvenirshop. Kartenverkauf für Nachtwächterführungen (s. links) und weitere Touren.

Unterhaltung und Nachtleben

Rostock ist unbestritten die bedeutendste Stadt Mecklenburgs, was Ausgehangebote, Konzerte und Veranstaltungen betrifft. Besonders junge Leute pilgern am Wochenende aus den Kleinstädten und ländlichen Regionen in die Ostseemetropole.

Als **Universitätsstadt** verfügt Rostock über eine **junge Szene.** Zahlreiche Klubs, verschiedene Bühnen und Bars für jedes Publikum sorgen für ein reges Nachtleben. Viel spielt sich **rund um den Doberaner Platz** [I B2] in der **Kröpeliner-Tor-Vorstadt (KTV)** 24 ab, aber auch im **Stadthafen** 13 gibt es zahlreiche Angebote. Dort trifft man abends im Sommer die Studenten beim Kubb-Spiel auf den Freiflächen und mit Picknickkorb oder Grill an der Kaikante.

Auch wenn die in der Vergangenheit beliebten Strandpartys aus Lärmschutzgründen nicht mehr stattfinden, so lockt es doch viele Nachtschwärmer in den wärmeren Sommernächten an den Strand und in die **Kneipen von Warnemünde.**

Bars und Kneipen, Klubs und Discos

83 [I B1] **Discotheque DejaVue,** Warnowufer 60, Tel. 01522 3322358, Fr./Sa. ab 22 Uhr und ausgewählte Termine. Direkt im Stadthafen befindet sich dieser Klub. Es gibt Musik auf zwei Etagen und eine Cocktailbar. Ein Floor ist dem Ü-30-Publikum vorbehalten.

84 [I B3] **Farellis,** Am Brink 1, www.farellis.de, Tel. 4907111, Di.–Do. 17–2, Fr./Sa. 17–4 Uhr, WLAN. Beliebte Cocktailbar im Szeneviertel KTV mit einer großen Auswahl an Cocktails und kleinen Snacks. Das Publikum ist gemischt. Aktionen und Specials sind online einsehbar.

85 [bi] **LT-Club,** Tiergartenallee 1/2, Tram 6 bis Platz der Freundschaft, www.lt-club.de, Tel. 1216553, Do.–Sa. meist ab 22 Uhr. WLAN. Angesagter Studentenklub mit Disco, Lounge und Themenpartys. Das LT betreibt auch ein Sportstudio und ein Restaurant mit Mittagstisch, das zudem als Fernsehkneipe genutzt wird.

86 [I A2] **Pleitegeier²,** Fritz-Reuter-Str. 69, www.pleitegeier2.de, Tel. 4601311, Mo.–Fr. ab 16, Sa./So. ab 12 Uhr, WLAN. Beliebte Studentenkneipe mit Billard, Dart, Kickertischen und Tischtennis. Die Getränkepreise sind

Infos für LGBT+

Rostock hat eine kleine Schwulen- und Lesbenszene. Der Christopher Street Day wird jedes Jahr im Juli mit einer Parade und einer vorhergehenden Hansegay Kulturwoche gefeiert – Näheres auf www.csd-rostock.de.

87 *[I B2]* ***rat + tat e. V.,*** *Leonhardstr. 20, www.ratundtat-rostock.de, Tel. 453156. Rostocks Verein für Schwule und Lesben. Neben Beratungsangeboten findet man hier auch Tipps zu Veranstaltungen der LGBT-Szene, z.B. Kaffeezeit und Spieleabend.*

88 *[I E2]* ***b sieben*** *€, Burgwall 7, www.bsieben.de, Tel. 3644959, tgl. ab 18 Uhr. Gepflegte Kneipe für Lesben, Schwule und Freunde mitten in der Rostocker Altstadt. Es darf geraucht werden.*

89 *[I B2]* ***Planbar*** *€, Leonhardstr. 20, www.planbar-rostock.de, Tel. 21058344, Mo.–Sa. ab 18 Uhr, WLAN. Beliebte Gaybar im Rostocker Szeneviertel KTV.*

günstig; die Atmosphäre ist entspannt. Serviert werden nur kleinere Snacks. Raucherkneipe.

90 [II A3] **Sky-Bar und Diskothek Da Capo,** im Hotel Neptun, Seestr. 19, www.hotel-neptun.de (Menüpunkt „Restaurants"), Tel. 7770, Sky-Bar Fr./Sa. ab 20.30, Da Capo Di./Fr./Sa. ab 22 Uhr. Die Sky-Bar ist Kult in Warnemünde. Im stilvollen Ambiente in 64 m Höhe lässt man den Blick über Warnemünde schweifen, es gibt Tanz und teilweise Livemusik. Das Dach kann als besonderer Clou geöffnet werden. Dazu verfügt das Hotel mit Da Capo über eine klassische Diskothek. Das Preisniveau ist in beiden Locations eher gehoben.

91 [I F2] **Ursprung,** Alter Markt 16, www.ursprung-rostock.de, Tel. 4591983, Mo.–Sa. ab 17 Uhr, So. nur zu Veranstaltungen, WLAN. Das Ursprung ist Restaurant, Kneipe und Bühne in einem, mitten in der Rostocker Altstadt gelegen. Hier treten teils hochkarätige Musiker und Kabarettisten auf. Jeden Montag gibt es ein Kneipenquiz. Die Küche serviert rustikale Gerichte und Schnitzel.

Theater und Konzerte

92 [I A1] **Bühne 602 – Compagnie de Comedie,** Warnowufer 55, www.compagnie-de-comedie.de, Tel. 2036084, Theaterkasse Mo.–Fr. 10–12, Fr. auch 14–18 Uhr. Das 1991 gegründete kleine Ensemble stellt einen umfangreichen Spielplan mit eigenen Produktionen und Gastspielen auf die Beine. Traditionell ist das Sommertheater im Kloster zum Heiligen Kreuz 11. Auch das Rostocker Kabarett ROhrSTOCK spielt hier.

5 [I F2] **Kloster St. Katharinen (Hochschule für Musik und Theater),** www.hmt-rostock.de (Menüpunkt „Zu den Veranstaltungen"). Im Katharinensaal und im Kammermusiksaal des ehemaligen Klosters finden jedes Jahr ca. 300 Veranstaltungen statt. Die Konzerte, das Kammermusikfestival vor Pfingsten, zahlreiche Ausstellungen und die Auftritte der Studierenden erfreuen sich großer Beliebtheit weit über die Stadtgrenzen hinaus. Tickets sind in allen Vorverkaufsstellen in Rostock erhältlich (s. S. 84).

93 [I A1] **M.A.U. Club,** Warnowufer 56, www.mauclub.de, Tel. 2023576 u. 2023577. Das Jugendkulturzentrum bietet Konzerte und Tanzveranstaltungen und betreibt die beliebte Kneipe Dieter. Hier kommen Freunde von Rock, Indie und Alternative auf ihre Kosten.

94 [I A2] **Volkstheater Rostock,** Doberaner Str. 134/135, Tram 1, 4, 5 bis Volkstheater, www.volkstheater-rostock.de, Tel. 3814700, Theaterkasse Mo. 13–18, Di.–Fr. 10–18, Sa. 10–13 Uhr. Das städtische Theater ist dezentral organsiert, d. h. es gibt mehrere Spielstätten über das Stadtgebiet verstreut. Das Große Haus als Hauptspielstätte wird ergänzt durch die Kleine Komödie in Warnemünde (Rostocker Str. 8) und verschiedene Außenspielorte für einzelne Aufführungen. Das Repertoire ist breit gefächert und reicht von Schauspiel über Musik- und Tanztheater bis hin zu Konzerten. Tickets gibt es an der Theaterkasse, bei den Vorverkaufsstellen der Stadt und den Abendkassen der einzelnen Spielstätten.

Unterkunft

In Rostock findet sich für jeden Geschmack und Geldbeutel die passende Logiermöglichkeit. Über das Stadtgebiet verteilt, aber immer mit guter Nahverkehrsanbindung, meist sogar nur einen kurzen Fußmarsch von der Altstadt entfernt, werden Zimmer in **Hostels, Pensionen,** modernen **Hotels** und schicken **Resorts** angeboten. Auch eine große Anzahl an **Ferienwohnungen** von einfach bis luxuriös stehen Rostock-Reisenden mittlerweile zur Verfügung. Die Preise variieren je nach Komfort und schwanken bisweilen saisonal stark in beide Richtungen. Von Oktober bis April gibt es auch in den Hotels der gehobenen Kategorie teils **attraktive Preisangebote;** nur an Weihnachten und Neujahr ist preislich wieder Hochsaison. In Warnemünde, Markgrafenheide und weiteren Ortsteilen an der Ostsee fällt bei Übernachtungen **Kurtaxe** ganzjährig an. Die Höhe beträgt aktuell zwischen 1 € und 2,25 € (Neben-/Hauptsaison).

Die Vermittlung von Zimmern und Ferienwohnungen übernimmt u. a. die **Tourist-Information** in Rostock und Warnemünde (beide s. S. 71).

95 [II A3] **a-ja Resort Warnemünde** €€, Zur Promenade 2, Warnemünde, www.ajaresorts.de, Buchungszentrale Tel. 0800 252737678. **Seeblick – preiswert und modern:** Strandhotel mit ausgefallenem Konzept, das besonders junge und junggebliebene Reisende anspricht. Es gibt ein Modulsystem, d. h. Zusatzleistungen zur Übernachtung, etwa Frühstück und Wellness, sind nach Wunsch buchbar. Mit Nivea-Haus Spa, Sauna, Restaurants und Bars.

96 [cd] **baltic Freizeit Camping- und Ferienpark Markgrafenheide** €, Budentannenweg 2, Markgrafenheide, www.baltic-freizeit.de, Tel. 04544 80033. **Beliebt bei Campern und Wohnmobilisten:** großer und bekannter Campingplatz im Ortsteil Markgrafenheide direkt hinter den Dünen in unmittelbarer Strandnähe. Angeboten werden Flächen zum Zelten, Stellplätze für Camper, Ferienhäuser und Ferienapartments. Es gibt einen umfangreichen Service mit Supermarkt, Restaurants und vielen Sportangeboten.

97 [I E3] **Die Kleine Sonne** €€, Steinstr. 7, www.die-kleine-sonne.de, Tel. 46120. **Praktisch und gemütlich:** kleines, zeitgemäß ausgestattetes Hotel mitten im Zentrum, ca. 2 Minuten zu Fuß vom Neuen Markt entfernt. Radtouristen willkommen.

98 [ae] **Dock Inn Hostel** €, Zum Zollamt 4, Warnemünde, www.dock-inn.de, Tel. 67070100. **Pfiffiges Hostel in exponierter Lage:** Das neu eröffnete Hostel besteht aus ausrangierten Überseecontainern. Es gibt Doppel-, Vier- und Achtbettzimmer sowie Suiten. Dazu gibt es eine Kombüse, ein Kino im Container und eine Boulderhalle (Kletterwände).

99 [I C3] **Hotel GreifenNest** €, August-Bebel-Str. 49 b, www.greifennest.de, Tel. 8775618. **Preiswert und familiär:** zentral gelegenes Backpacker-Hotel mit familiärer Atmosphäre, das Zimmer mit eigenem Bad, eine Gemeinschaftsküche und einen Aufenthaltsraum bietet. 10 Min. Fußweg in die Altstadt.

100 [ai] **Hotel Sportforum** €, Kopernikusstr. 17 a, Bus 25, 28 bis Schwimmhalle, www.hotel-sportforum.com, Tel. 1288480. **Für Familien und Gruppen ideal:** barrierefreies Hotel im ehemaligen Sportinternat, außerhalb des Zentrums neben dem Fußballstadion des FC Hansa Rostock im Hansaviertel gelegen. Moderne, schlicht gestaltete Zimmer, teils auch mit Pantry-Küche.

101 [I F2] **Hotel Verdi** €€, Wollenweberstr. 28, www.hotel-verdi.de, Tel. 252240. **Altstadtunterkunft mit Flair:** kleines Altstadthotel mit freundlichem Personal, nur wenige Schritte vom Alten Markt

Preiskategorien Unterkünfte

Preis für ein Doppelzimmer, in der Regel inkl. Frühstück:

- € bis 75 €
- €€ 75–130 €
- €€€ 130–200 €

036ro Abb.: tm

Zentral gelegen: Die Kleine Sonne (s. S. 81) in der Steinstraße

entfernt. Hübscher Garten mit Terrasse. Parkplätze verfügbar.

102 [ch] **Hotel Warnow** €€, Bei der Knochenmühle 1, www.hotel-warnow.de, Tel. 60068580. **Klein, aber fein am Fluss:** charmantes kleines Hotel direkt an der Warnow gegenüber dem Rostocker Stadthafen mit Blick auf den Fluss. Es gibt DZ, Suiten und Apartments.

103 [I E3] **Jellyfish Hostel** €, Beginenberg 25, www.jellyfish-hostel.com, Tel. 4443858. **Günstig und gesellig**: junges, buntes Hostel, nur wenige Schritte vom Steintor entfernt in der Rostocker Altstadt. Es gibt Schlafsäle mit 4 oder 8 Betten sowie private Einzel- bis 4-Bett-Zimmer. In der Gästeküche kann man sich selbst versorgen oder ein Frühstück vorbestellen. Der Garten dient als Treffpunkt für die Gäste.

104 [ae] **Jugendherberge Warnemünde** €, Parkstraße 47, Bus 36, 37 bis Warnemünde Strand, www.jugendherberge.de, Tel. 548170. **Strand vor der Tür:** sehr gut ausgestattete Herberge mit 2–6-Bettzimmern in exzellenter Lage, nur 2 Min. vom Strand entfernt. Bushaltestelle (auch Fernbusse) und Parkplatz direkt vor der Tür. Ganzjährig geöffnet. Langfristige Buchung empfohlen.

105 [I C3] **Motel One** €€, Schröderplatz 2, www.motel-one.com, Tel. 6669190. **Günstig in Top-Lage:** Hotel der beliebten Kette direkt am Kröpeliner Tor und den Wallanlagen. In wenigen Minuten Fußweg sind auch Stadthafen, Szeneviertel KTV und die Einkaufszone der Altstadt erreicht. Gut ausgestattete Zimmer mit Frühstück (Aufpreis).

106 [I C2] **Radisson Blu Hotel** €€€, Lange Str. 40, www.radissonblu.de/hotel-rostock, Tel. 37500. **Stilvoll und komfortabel in der City:** beliebtes und bekanntes Stadthotel in der Innenstadt. Hier trifft modernes skandinavisches Design auf klassische Backsteingotik. Viele Zimmer mit Aussicht auf den Stadthafen. Im Winter steigen in diesem Hotel oft schwedische und dänische Reisegruppen ab.

107 [bi] **Stadtperle Rostock** €, Rosa-Luxemburg-Str. 32, www.stadtperle-rostock.de, Tel. 46123770. **Einfach, aber mit Charme:** familiäre Pension in einer stilvoll restaurierten Villa im schönen Bahnhofsviertel, ca. 5 Min. zu Fuß vom Hbf. gelegen. Gemütliche Einzel- bis 5-Bett-Zimmer mit Bad.

Verkehrsmittel

S-Bahn, Tram, Bus und Fähre

Rostock verfügt über ein **ausgezeichnetes Nahverkehrssystem,** bestehend aus S-Bahn, Straßenbahn, Bus und Fähren. Es wird von den Verkehrsbetrieben **RSAG** (Rostocker Straßenbahn GmbH) betrieben.

- Informationen unter www.rsag-online.de
- aktuelle Fahrplanauskünfte auch über die **VVW App** (s. S. 141)

Mit der **S-Bahn** fährt man in nur 20 Min. vom Rostocker Hauptbahnhof (s. S. 59) nach **Warnemünde.** Die **Straßenbahn** sorgt für zügiges Vorankommen in der Innenstadt und bis in die Neubauviertel. Über die Stadtgrenzen hinaus verkehren **Busse.** Zwischen Warnemünde und Hohe Düne [be] pendelt die **Autofähre** und vom Stadthafen ⓭ nach Gehlsdorf [bh] eine kleine **Fußgängerfähre.** Einige Buslinien werden als **Anruflinientaxi** betrieben, etwa am Wochenende zum IGA-Park oder am Abend; wer mitfahren möchte, ruft 30 Min. vor Abfahrt an (Tel. 8021900).

Der gesamte ÖPNV kann mit nur einem Ticket genutzt werden. Dazu kauft man einfach einen **Fahrschein für das Gesamtnetz Rostock** und steigt nach Bedarf um. Der Fahrschein gilt 90 Min. und erlaubt das Umsteigen, aber nicht die Rückfahrt.

Für die kurze Fährfahrt kann ein **günstigeres Fährticket** erworben werden. Es gibt auch Fahrkarten, welche die angrenzenden Tarifzonen des Verkehrsverbunds Warnow (rebus) beinhalten – so gelangt man z. B. bis nach Kühlungsborn oder Güstrow. Die **RostockCard** (s. S. 65) beinhaltet freie Fahrt im Gesamtnetz von Rostock für 24 oder 48 Std. Hier folgt eine Auflistung der wichtigsten **Fahrkarten für Touristen** und ihrer **Preise:**

- **Einzelfahrschein Gesamtnetz Rostock:** 2,10 €
- **Tageskarte Gesamtnetz Rostock:** 5,20 €
- **Fährticket (einzelne Überfahrt):** 1,40 €

Ticketautomaten stehen an den Haltestellen der Straßenbahn, vielen Bushaltestellen sowie in den meisten Straßenbahnen und einigen Bussen zur Verfügung. Am Hauptbahnhof Rostock, am Doberaner Platz [I B2], der Haltestelle Lütten Klein Zentrum [af] und dem S-Bahnhof Warnemünde [II C3] unterhalten die RSAG bzw. die Deutsche Bahn **Servicecenter** mit dem kompletten Angebot.

Die Straßenbahn – ein schnelles und bequemes Fortbewegungsmittel, das einem die Parkplatzsuche erspart

Taxi

Taxis sind in Rostock reichlich vorhanden. **Taxistände** befinden sich u.a. am Hauptbahnhof (s. S. 59), in der Langen Straße 15 und Doberaner Platz/Am Brink [I B2/3]. Der **Grundpreis** für die Taxifahrt beträgt 2,70 €, der erste Kilometer kostet 2,80 €, der 2. und 3. km 2 € und danach jeder weitere 1,40 €. Für den Einsatz eines **Großraumtaxis** fällt ein Zuschlag von 5 € pro Fahrt an. Die **Taxizentrale** ist unter Tel. 685858 erreichbar.

Weitere Adressen

Apotheken

› **Apotheken-Notdienst:** www.aponet.de

108 [I E2] **Rats-Apotheke,** Neuer Markt 13, www.ratsapotheke-rostock.de, Tel. 4934747, Mo.–Fr. 8–18, Sa. 9–13 Uhr

109 [II B4] **Detharding Apotheke,** Kirchenpl. 13, Warnemünde, www.detharding-apotheke-warnemünde.de, Tel. 52747, Mo.–Fr. 8–18.30, Sa. 8–12.30 Uhr

Arzt, Krankenhaus

› **Ärztlicher Bereitschaftsdienst:** Tel. 116117

110 [bi] **Klinik und Polikliniken für Zahn-, Mund- und Kieferheilkunde,** Strempelstr. 13, Bus 25, 28 bis Schillingallee, Tel. 4946696. Notdienst durch niedergelassene Ärzte. Aktuelle Dienste über www.zaekmv.de

111 [bi] **Klinikum Südstadt Rostock,** Südring 81, Tram 6 bis Klinikum Süd, www.kliniksued-rostock.de, Tel. 4401-4010/-5010

112 [bi] **Universitäts-Kinder- und Jugendklinik,** Ernst-Heydemann-Str. 8, www.kinderklinik.med.uni-rostock.de, Tel. 4947011

Fundbüro

113 **Fundbüro,** Charles-Darwin-Ring 6, Südstadt, Tel. 3813136, E-Mail: fundbuero@rostock.de, Mo./Di. und Do./Fr. 9–12, Di. auch 13.30–18, Do. auch 13.30–16 Uhr

Post

114 [I E3] **Hauptpost Stadtmitte,** Neuer Markt 3–8, Mo.–Fr. 9–18, Sa. 9.30–12.30 Uhr

115 [II B4] **Postfiliale Warnemünde,** Kirchenpl. 3, Warnemünde, Mo.–Fr. 8–18, Sa. 8–13 Uhr

Vorverkaufsstelle

116 [I E3] **Pressezentrum,** Neuer Markt 3, www.mvticket.de, Tel. 4917922, Mo.–Sa. 9–18 Uhr. Verkauf von Tickets für Konzerte, Sportveranstaltungen, Festivals etc.

WISMAR

052ro Abb.: tm

Wismar verstehen

Das Antlitz der Stadt

Wismar – ein Meer von rotem Backstein an der Ostsee. Noch ist die Stadt für viele ein Geheimtipp, aber seit der Ernennung zum UNESCO-Weltkulturerbe 2002 steigt das internationale Interesse. Lebendige Geschichte und eine junge Szene lassen sich heute hier entdecken.

Die **Hansestadt Wismar** liegt an der gleichnamigen Bucht der Ostsee fast mittig zwischen Rostock und Lübeck mit jeweils ca. 60 km Entfernung. Auch die Landeshauptstadt Schwerin ist mit nur 30 km in greifbarer Nähe. Einen markanten Fluss, wie ihn andere mittelalterliche Städte haben, besitzt Wismar nicht. Die kleine **aqua wissemara**, die mit dem Wallensteingraben im 16./17. Jh. den Anschluss des Schweriner Sees an die Ostsee realisieren sollte, war nur ein bescheidener Wasserlauf und ist heute nicht mehr im Stadtbild erkennbar. Wichtig für den Schutz der Stadt vor Feinden und den Launen der Natur sind die **vorgelagerten Inseln Poel und Walfisch**, Letztere eine unter den Schweden ausgebaute Festungsinsel.

Aus der Luft betrachtet ähnelt die Struktur Wismars der vieler anderer Hansestädte. Rund bis oval liegt die **kompakte Altstadt** da und ist auf den Hafen ausgerichtet. Die Hauptstraße führt wie ein Ring um die mittelalterliche Anlage herum. Die heutige Stadt gruppiert sich rund um diese historischen Straßen und gehört mit über 44.000 Einwohnern zwar zu den größeren Städten im Land, steht aber hinter Rostock, Stralsund und Greifswald zurück. Einwohnern und Besuchern wird dank der überschaubaren Größe ein **kurzer Weg ins Grüne und an den Strand** geboten.

Auch heute noch ist der **mittelalterliche Stadtkern** das Zentrum der Stadt. Rundherum hat man im 19. Jh. und vor allem in der DDR-Zeit neue Wohngebiete angelegt. Das größte Neubauviertel Wismars ist **Wendorf** mit über 11.000 Einwohnern. Die Türme der Kirchen prägen als Landmarken das Stadtbild. Den imposanten Turm der Marienkirche (37) sieht man schon von der Autobahn aus. Die Stadtverwaltung, die Hochschule, Industrieanlagen und Einkaufsangebote finden sich sämtlich in oder nahe der Altstadt.

Besonders seit der Ernennung zum **Weltkulturerbe** (s. S. 88) ist die **Sanierung** der historischen Viertel weit vorangeschritten. In den Straßen rund um Markt (31), Marien- und Nikolaikirche (47) findet man heute modern ausgestattete Wohnungen in altem Gemäuer. Damit ist die Altstadt nicht nur Fotomotiv für die Touristen, sondern lebendiger Mittelpunkt der Stadt. Durch ihre kompakte Form lässt sich Wismar **einfach und auf kurzen Routen zu Fuß** entdecken.

Geschichte

Wismar ist eine der **ältesten Siedlungen** an der mecklenburgischen Küste. Obwohl eine urkundlich belegte Erwähnung mit diesem Namen erst aus dem Jahr 1229 stammt, wird Wismar oder **Wismaria bzw. Wissemaria** schon im 12. Jh. mehrfach er-

◁ Vorseite: Die mächtige Nikolaikirche am Wasserlauf der Grube (42)

▷ Die mittelalterliche Stadtstruktur Wismars ist bis heute erkennbar

wähnt. Einige Forscher deuten den Ortsnamen als eine Abwandlung des Familiennamens des Lokatoren (Visemer o. ä.), also desjenigen, der die Besiedlung des Fleckens geleitet hat. Andere verweisen auf den Wasserlauf *aqua wissemara* als Namensvorbild. So oder so wurde hier eine Handelssiedlung für **deutsche Kaufleute** planmäßig angelegt. Die Wismarbucht bot dafür eine günstige und geschütze Lage.

Nur dreißig Jahre nach der Stadtgründung verlegte der **Landesherr von Mecklenburg** seine Residenz hierher. Einhundert Jahre lang sollte dies so bleiben. Aufschwung brachte der Vertrag mit den Nachbarn Lübeck und Rostock über die Sicherung der Handelswege. Damit wurde Wismar faktisch ein **Mitglied der Hanse.** Der wachsende Reichtum der Stadt ist im Zwischenhandel mit Rohwaren aus Skandinavien und Russland begründet. So brachten Wismarer Händler Pelze, Wachs und Fisch ins Binnenland und lieferten Wein, Bier und Tuche in den Norden Europas. Im späten Mittelalter gab es in Wismar nur wenige, die nicht mit der Herstellung, dem Handel oder dem Transport von **Bier**, insbesondere der **Wismarer Mumme** (s. S. 106), zu tun hatten. Schon bald prägte eine **Kogge**, das traditionelle Lastschiff des Mittelalters, die **Flagge** der Stadt. Während der Hansezeit entstanden in Wismar die großen Kirchen, der Markt 31 und der Alte Hafen 45. Es wurden sogar häufig **Hansetage** (s. Hanse-Exkurs,

KURZ & KNAPP

Wismar in Zahlen

- **Gegründet:** 1229
- **Einwohnerzahl:** 44.365
- **Bevölkerungsdichte:** 1063 Einw./km²
- **Fläche:** 41,75 km²
- **Höhe ü. M.:** 17 m (Altstadt), 30 m (Wendorf)
- **Studenten:** 8749 (2015/16)
- **Kfz-Kennzeichen:** HWI, WIS, NWM

S. 7), die großen Konferenzen aller Mitglieder, hier abgehalten.

Allerdings verlor Wismar mit dem **Niedergang der Hanse** einen großen Teil seiner Handelsverbindungen und wurde im 17. Jh. zu einer eher provinziellen Kleinstadt. Dazu kamen die Schrecken des Dreißigjährigen Krieges (1618–1648) und der in diese Zeit fallende **Einmarsch schwedischer Truppen.** In der Folge sollte Wismar für mehr als 150 Jahre Teil des Königreichs der drei Kronen bleiben (s. Schwedenzeit-Exkurs, S. 105). Dies war eine Zeit des wieder aufblühenden Handels, aber auch eine Epoche großer Belastungen, v. a. aufgrund des kostenintensiven, von den Schweden geforderten Festungsbaus und der Abgaben an die neuen Herren. Die Schweden verwickelten Wismar in einige kriegerische Auseinandersetzungen und so konnte man erst nach Abschluss des **Pfandvertrags** im Jahr 1803 wieder aufatmen – seitdem gehört Wismar wieder zu Mecklenburg. Einhundert Jahre später ließen die Schweden die Option zum Rückkauf verfallen.

Die **Industrialisierung** im 19. Jh. brachte Wismar neue Hoffnung. So eröffnete Rudolph Karstadt hier sein erstes Geschäft (Karstadt-Stammhaus 49) und gründete Paul Heinrich Podeus seine Waggonfabrik. Last- und Personenwagen und später Kettenfahrzeuge sowie der bekannte Schienenbus wurden in der Stadt hergestellt. Nach 1945 wurde die Waggonfabrik der Werft angegliedert und der Wagenbau eingestellt. Im **Zweiten Weltkrieg** unternahmen die Alliierten Luftangriffe auf Wismar. Wenngleich diese weniger schwer waren als etwa in Rostock oder Lübeck, so nahm die Altstadt durch ihre enge Bebauung doch enormen Schaden. Vor allem Wismars Kirchen wurden teils stark beschädigt.

Nach dem Krieg wurde Wismar Teil der sowjetischen Besatzungszone und später **Kreisstadt im DDR-Bezirk Rostock.** Bestimmend für die Wirtschaft waren nun die Werft und der Hafen. Die Einwohnerzahl der Stadt wuchs auf ihren Höchststand von über 55.000 Einwohnern an. Mit der **Wiedervereinigung** begann auch hier, wie in Rostock und Stralsund, ein mühsamer Prozess der Umstrukturierung und der Etablierung neuer Wirtschaftszweige.

Viel Hoffnung wird seither in den **Tourismus** gesetzt. Besonders seit der Ernennung der Altstadt zum **UNESCO-Weltkulturerbe** 2002 und den deutlich sichtbaren Sanierungserfolgen hat sich Wismar zu einem wichtigen Reiseziel für deutsche und internationale Gäste entwickelt. Wismar wurde seinerzeit gemeinsam mit Stralsund unter UNESCO-Schutz gestellt. Die Altstädte beider Orte gelten als repräsentatives Erbe der Hansezeit.

1229 Die Siedlung Wismar wird erstmals urkundlich erwähnt. Somit gilt 1229 offiziell als Gründungsjahr der Stadt.

1257 Der mecklenburgische Landesherr Fürst Johann I. (1211–1264) verlegt seine Residenz nach Wismar; bis 1358 bleibt Wismar Residenzstadt. Noch heute ziert ein Stierkopf das Wappen der Stadt.

1259 Nach dem Verbundvertrag mit Rostock und Lübeck ist Wismar Mitglied der Hanse.

13. Jh. Die Wirtschaft erlebt einen großen Aufschwung. Der Bau gotischer Kirchen beginnt.

1380 Der spätere Pirat Klaus Störtebeker (s. S. 96) soll in Wismar in eine Auseinandersetzung verwickelt sein.

1411 u. 1428 Der Wollenweber Claus Jesup wird nach einem Aufstand der Handwerker Bürgermeister der Stadt. Drei Ratsherren werden hingerichtet.

1524–25 Wismar akzeptiert die Reformation.

1632 Während des Dreißigjährigen Krieges halten schwedische Truppen Einzug in die Stadt.

1648 Im Rahmen des Westfälischen Friedens werden Wismar, die Insel Poel und das Amt Neukloster offiziell Teil Schwedens.

1716 Schweden verliert im Großen Nordischen Krieg (1700–21); Wismar kommt für einige Zeit unter dänisch-preußisch-hannoversche Verwaltung. Die Festungen müssen geschleift werden.

1803 Aus Geldnot verpfänden die Schweden Wismar für 100 Jahre an Mecklenburg (Malmöer Pfandvertrag).

19. Jh. Gründung wichtiger Betriebe wie Warenhaus Karstadt (1881), Waggonfabrik Podeus (1893) und Hinstorffsche Druckerei (1850); Neubau des Rathauses 32 (1817–19)

1903 Die Stadt gehört nach Ablauf des Pfandvertrags mit Schweden wieder ganz offiziell zu Mecklenburg.

1908 Gründung der Ingenieurakademie, heute Hochschule Wismar

1945 Im April wird Wismar bei Luftangriffen stark zerstört. Besonders große Schäden entstehen im gotischen Quartier an den Kirchen.

1946 Gründung der Mathias-Thesen-Werft als bestimmende Industrie der DDR-Zeit

1960 Der Turm der Marienkirche 37 wird nach Sprengung der Kirchenruine erhalten.

1990 Die Deutsche Stiftung Denkmalschutz beginnt mit dem Wiederaufbau der Georgenkirche 39.

040ro Abb.: tm

Seit 2002 gehört Wismars Altstadt zum UNESCO-Weltkulturerbe

2002 Die Altstädte Wismars und Stralsunds werden gemeinsam zum UNESCO-Weltkulturerbe ernannt.

2017 Nach langjähriger Sanierung wird das Schabbellhaus 48 mit dem stadtgeschichtlichen Museum wiedereröffnet.

Leben in Wismar

Wie viele andere Städte in Mecklenburg-Vorpommern hat auch Wismar mit einer **abnehmenden Bevölkerungszahl** zu kämpfen. Mittlerweile hat sich der Stand aber stabilisiert und mit den Studenten der Hochschule Wismar kommen jährlich neue Kandidaten für einen dauerhaften Wohnsitz in der Hansestadt dazu. Nur ein geringer Teil der Wismarer Einwohner hat hier lediglich seinen Nebenwohnsitz.

Heimatverbundenheit wird den Ostseebewohnern gern attestiert und fragt man die jungen und alten Passanten auf der Straße, wollen sie in ihrer Stadt bleiben, sofern es die wirtschaftliche Situation erlaubt. Sanfte Faktoren wie die Lebensqualität und der Kontakt zu Familie und Freunden spielen dabei eine große Rolle. Ein Problem vieler ostdeutscher Städte kennt auch Wismar: die relativ **hohe Arbeitslosigkeit** und der damit einhergehende Mangel an attraktiven

Karrierechancen besonders für junge Leute. Die saisonal schwankende Arbeitslosenquote in Höhe von 9 bis 12 % stellt für die Stadt eine der größten Herausforderungen dar.

Der **Tourismus** hat für etliche neue Jobs gesorgt, aber die klassische **maritime Industrie** Wismars leidet ebenso wie die in Rostock und Stralsund unter der schlechten Auftragslage und den wechselnden Investoren. Zu DDR-Zeiten war die **Mathias-Thesen-Werft** der größte Arbeitgeber der Stadt und noch vor einigen Jahren stand man mit zahlreichen neu gebauten Container- und Fährschiffen recht gut da. Heute sind lediglich ca. 700 statt der 2005 knapp 1300 Arbeiter in dem aktuell unter dem Namen **MV-Werften** firmierenden Unternehmen beschäftigt. Der asiatische Werfteigner Genting hat mit dem Bau von Kreuzfahrtschiffen begonnen und verspricht zahlreiche neue Jobs. Mit dem Ausbau der Infrastruktur und Anlagen des Hafens (Vollendung Mitte 2018) besteht allerdings Aussicht auf eine weitere Ansiedlung von Betrieben der Holz-, Solar- oder Schiffbaubranche – und darauf setzen viele in Wismar.

Die **Hochschule Wismar** bildet mit den Schwerpunkten Technik, Wirtschaft und Gestaltung praxisbezogen aus und lockt damit auch internationale Studenten an. Dort werden in Zusammenarbeit mit Warnemünde wieder Nautiker ausgebildet, ein Berufszweig, der nach der Wende vollends eingebrochen war. Trotzdem ist der Anteil von **Migranten und Ausländern** in Wismar gering, wie in vielen Städten in Mecklenburg-Vorpommern. Zwar gibt es hier auch Meldungen über Vorfälle und Straftaten aus der rechten Szene und mehr noch aus dem Rockermilieu, jedoch kann die Stadt nicht als fremdenfeindlich eingestuft werden. Zuwanderung aus dem Ausland unterbleibt eher, weil die Wirtschaftskraft fehlt und das Arbeitsplatzangebot nicht attraktiv genug ist.

Wismar ist eine Stadt **lebendigen Welterbes.** Zwar verfügt der Ostseeort mit Wendorf und Friedenshof über große Neubauviertel, allerdings wohnt fast jeder Fünfte in der Altstadt. Somit ist die Erhaltung der historischen Substanz nicht nur für die Stadtverwaltung eine Herzenssache. Ist erst einmal alles saniert, wird Wismar sicher auch international noch größeres Interesse wecken. Selten sieht man die Vergangenheit so attraktiv bewahrt wie hier. Den Vergleich mit der **Partnerstadt Lübeck** scheut man heute trotz des Größenunterschieds nicht. Enge Bindungen bestehen zudem nach **Schweden.** Nachdem Wismar fast 150 Jahre Teil des schwedischen Königreichs war (s. S. 105), ist man sich auch heute noch kulturell und wirtschaftlich verbunden. Das zeigt sich vor allem beim jährlichen **Schwedenfest** (s. S. 9) im Sommer.

Wie alle **Küstenbewohner** gelten auch die Wismaraner (auch: Wismeraner, Wismarer) bisweilen als zurückhaltend, aber nicht unbedingt als kontaktscheu. Man redet nicht lange drumherum und steht zu seinem Wort. Eingestreute Wendungen der **plattdeutschen Sprache** würzen das Gespräch zwischen Besuchern und Einheimischen. Wie an vielen Orten im ehemaligen „Osten" sind Frauen hier überwiegend berufstätig und fühlen sich gleichberechtigt. Ein wenig rührt das noch aus der Zeit her, als die Ehemänner viele Monate auf See waren und die Frauen Kinder, Haushalt und Arbeit allein schultern

041ro Abb.: tm

mussten. So verwundert es nicht, dass Wismar nach der Wende 20 Jahre lang eine Bürgermeisterin hatte, welche die Entwicklung der Stadt wesentlich vorangetrieben hat.

Viele **Jugendliche** empfinden die Stadt heute manchmal als etwas zu klein. Für 44.000 Einwohner kann natürlich nicht dasselbe kulturelle und sportliche Spektrum wie in Rostock oder Hamburg geboten werden. Kleinstadtmief hängt Wismar aber nicht an. Wer mehr erleben möchte, fährt eben die kurzen Strecken in die großen Städte. So ist Wismar eine der bekanntesten Destinationen an der mecklenburgischen Ostseeküste und der Tourismus wichtiger Arbeitgeber; trotzdem hat man das Gefühl, dass das Leben auch abseits der Saison seinen Gang geht und die Altstadt jederzeit lebendig ist.

Zahlreiche gut erhaltene und liebevoll restaurierte Giebelhäuser schmücken heute Wismars Gassen

Wismar entdecken

Stadtspaziergang

Ein zwei- bis dreistündiger Stadtbummel durch Wismar beginnt am **Markt** 31 im Herzen der Stadt: Hier treffen sich die wichtigsten Straßen des Ostseeortes, hier pulsiert das Leben. Rund um den historischen Platz mit Kopfsteinpflaster finden sich einige der schönsten Sehenswürdigkeiten Wismars, so z. B. das Kleinod **Wasserkunst** 33 im Süden sowie das barocke **Reuterhaus** 34 und der ehrwürdige **Alte Schwede** 35 mit seinem beliebten Restaurant im Osten des Platzes. Das **Rathaus** 32 schließt den Platz Richtung Norden zur Einkaufsmeile hin ab. Mit etwas Glück findet auf dem Markt gerade eine **Veranstaltung** wie die Heringstage (s. S. 8) und das Schwedenfest (s. S. 9) oder aber der **Wochenmarkt** (s. S. 115) statt. So oder so gibt es immer etwas zu sehen. Vor dem **Stadthaus** (BürgerServiceCenter) [III C3] an der Westseite des Platzes, einem schön restaurierten historischen Gebäude, starten Stadtrundfahrten durch Wismar.

Die kleine **Sargmacherstraße** [III C3], die südwestlich vom Markt abzweigt, stellt die Verbindung in das **gotische Quartier** her. Hier entdeckt man die eindrucksvolle Turmruine der **Marienkirche** 37 mit einer sehenswerten Ausstellung zur Architektur der Backsteingotik. Die Animationsfigur Bruno Backstein erklärt

Routenverlauf im Stadtplan

Der hier beschriebene Spaziergang ist mit einer farbigen Linie im Stadtplan eingezeichnet.

Das gibt es nur in Wismar

- *Als **einzige Stadt in Mecklenburg** war Wismar nach dem Dreißigjährigen Krieg ca. 150 Jahre lang unter **schwedischer Hoheit** (s. S. 105). Um 1803 wurden Stadt und Umland für 100 Jahre verpfändet, da die Schweden dringend Geld brauchten. Nach Vertragsablauf bestand aber kein Interesse am Rückkauf und Wismar wurde offiziell wieder mecklenburgisch.*
- *Der animierte **Bruno Backstein** zeigt den Besuchern im Rahmen einer **3-D-Installation** an der Ruine der **Marienkirche** 37, wie die gotische Kathedrale entstanden ist. Die putzige 3-D-Figur hat sich inzwischen zu einem echten **Maskottchen der Stadt** gemausert.*
- *Wismar war früher eine wichtige **Bierstadt.** Um 1500 gab es über 180 Brauereien und fast jeder Bürger hatte mit der Herstellung, dem Verkauf oder dem Transport der **Wismarer Mumme,** einer lokalen Biersorte, zu tun. Heute kann man im **Brauhaus am Lohberg** (s. S. 118) traditionelle Biere und sogar einen Bier-Whisky verkosten.*
- *Rund 20 Jahre lang lag das Schicksal der Stadt fest in weiblicher Hand: Rosemarie Wilcken sorgte als **Bürgermeisterin** u. a. für die Aufnahme von Wismars Altstadt ins UNESCO-Weltkulturerbe.*
- *ABC-Straße, Bademutterstraße, Tittentasterstraße: Manche **Straßennamen** in Wismar regen zum **Schmunzeln und Rätselraten** an. Der Heimatforscher Detlef Schmidt hat dazu ein unterhaltsames Buch (Kleines Kompendium Wismarer Straßennamen, s. S. 121) verfasst.*
- *Ein Rundgang durch Wismar mit einer finnischen Polizistin? Das ist ein Angebot der Tourist-Information. Eine Wismarer Gästeführerin präsentiert Besuchern die **Schauplätze der Fernsehserie „SOKO Wismar"** in einer original finnischen Polizeiuniform, ganz so wie die von Austauschpolizistin Leena in der beliebten ZDF-Serie. Infos: s. SOKO-Wismar-Führung, S. 124.*

den Besuchern, wie die imposante Kirche einst erbaut wurde. Der Blick vom Kirchhof fällt zurück auf das restaurierte **Archidiakonat** 36, heute Sitz des Probstes der evangelischen Landeskirche.

Auf dem Weg zur westlich liegenden **Georgenkirche** 39 geht man entlang der Straße Vor dem Fürstenhof einen kleinen Abstecher über den sehenswerten Innenhof des **Fürstenhofs** 38. Heute sind in dem Renaissance-Gebäude Amtsgericht und Stadtarchiv untergebracht. Beim Besuch der Kirche St. Georgen erfährt man mehr über die aufwendige, zwanzigjährige Restaurierung des beindruckenden gotischen Bauwerks.

Gegenüber der Georgenkirche geht es über die Große Hohe Straße [III B3] bergab zur Lübschen Straße mit der **Heiligen-Geist-Kirche** 40. Der eine oder andere kennt die Gegend vielleicht aus der TV-Krimiserie **„SOKO Wismar"**. Weiter geht es auf der Lübschen Straße gen Westen Richtung Hafen. An der nächsten Kreuzung biegt man rechts in die Claus-Jesup-Straße [III B3] ab, dann die nächste links in die Zeughausstraße. Über die

Ulmenstraße [III A/B3] erreicht man nun das **Zeughaus** 41 aus der Schwedenzeit (s. S. 105). Das Gebäude beherbergt die Stadtbibliothek und ist für Besucher zugänglich.

An der Hauptstraße (Ulmenstraße/Am Hafen) entlang führt der Weg Richtung Nordosten zum mittelalterlichen Wassergrabensystem **Grube** 42 mit dem Fachwerkgebäude **Gewölbe.** Nördlich davon erstreckt sich die Straße **Am Lohberg** 43 mit seinen vielen Restaurants und Kneipen. Hier entspannt man wunderbar und kann bei einem Wismarer Bier oder kräftigen Imbiss im **Brauhaus am Lohberg** (s. S. 118) die Altstadtatmosphäre aufnehmen.

Fischfreunde wird es auf die andere Straßenseite zum **Alten Hafen** 45 ziehen, wo es herrlich nach Räucherfisch duftet (s. Kleine Fischkunde, S. 108). Entlang der Kaikante bis zur Galerie im **Baumhaus** 46 werden Hafenrundfahrten (z. B. von Adler-Schiffe, s. S. 125) angeboten, lässt sich die originale Hansekogge „Wissemara“ besichtigen und eröffnet sich der Blick auf die Werft und ihre aktuellen Bauprojekte.

Vom Baumhaus geht es zurück in die Altstadt: Durch das **Wassertor** 44 folgt man der Straße Spiegelberg bergan und biegt rechts in die Büffelstraße [III C2]. Hier erblickt man die mächtige **Nikolaikirche** 47. Nach einem Besuch des reich ausgestatteten Gotteshauses überquert man den kleinen **Mühlenbach** und begibt sich in die Straße Schweinsbrücke. Hier fühlt man sich fast zurückversetzt in längst vergangene Zeiten, wenn nicht ab und an Autos vorbeikämen. Ein Hingucker ist die **kleine Brücke** mit den Schweinchen auf den Pfeilern. Gleich hinter der Brücke, direkt am Kanal, ist das Stadtgeschichtliche Museum im **Schabbellhaus** 48 ein Anziehungspunkt für Touristen. Im **Café Glücklich** (s. S. 119), nur wenige Schritte südwärts auf der linken Straßenseite, kann man eine süße Pause einlegen und den Blick noch einmal über Kirche und Grube schweifen lassen. Die **sorgfältig restaurierten Wohngebäude** geben diesem Viertel ein ganz spezielles Flair; die fortschreitende Sanierung der denkmalgeschützten Bausubstanz macht Wismar heute zu einem attraktiven Wohn- und Urlaubsort.

Der Bummel geht weiter durch Altstadtstraßen mit teils kuriosen Namen: Man passiert die **ABC-Straße** [III C2/3] – hier hatte man nach Auflösung des alten Klosters Wohnbuden errichtet und einfach mit Buchstaben markiert – und biegt anschließend rechts in die **Bademutterstraße** [III C3] (altdt. für Hebamme) mit ihren Wohn- und Speicherhäusern. Links abbiegend erreicht man

EXTRATIPP

Rückzugsorte

Für eine kleine Verschnaufpause zwischendurch bietet sich der schöne **Lindengarten** [III D3] an der einstigen Stadtmauer an.

In den Nebenstraßen der Altstadt findet sich das eine oder andere Café, in dem Morgenmuffel mit Muße Kaffee und Zeitung genießen können, z. B. im **Café Glücklich** (s. S. 119) nahe der Nikolaikirche 47. In der **Heiligen-Geist-Kirche** 40 hat die Gemeinde eine kleine **Kaffee-Ecke** eingerichtet; dort herrscht meist entspannende Ruhe.

Oft ist man auch **am Ende der Kaikante** im **Alten Hafen** 45 ungestört. Hinter dem **Baumhaus** 46 kann man auf das Wasser blicken und eine kräftige Brise Seeluft schnuppern.

die Fußgängerzone **Krämerstraße mit dem Karstadt-Stammhaus** 49. Hier kann man den Stadtbummel ausklingen lassen und auf dem Rückweg zum Markt Richtung Süden einen Blick in die Geschäfte werfen.

Entdeckungen im Zentrum

31 Markt ★★★ [III C3]

Willkommen auf einem der größten Plätze in ganz Norddeutschland: 100 mal 100 m misst Wismars Markt und ist damit deutlich größer als sein Vetter in Rostock. Mit seinem Kopfsteinpflaster und dem Blick auf Bürgerhäuser aller Epochen ist er eines der schönsten Fotomotive Wismars und verströmt bis heute reichlich historisches Flair.

Auch wenn der Marktplatz aufgrund seiner altmodischen groben Pflasterung eine Herausforderung für jeden grazilen Absatz ist, so lohnt es sich, den Blick von dessen Mitte aus umherschweifen zu lassen. Es finden sich Beispiele aller Bauepochen des 14.–19. Jh. in seiner Randbebauung. Der Markt gleicht damit einem **Bilderbuch der Architektur.** Das Rathaus 32 thront an der nördlichen Platzseite; Bürgerhäuser wie der Alte Schwede 35 und das Reuterhaus 34 prägen die östliche Seite. Unmittelbar vor dem Reuterhaus steht eines der bekanntesten Wahrzeichen Wismars: die Wasserkunst 33. Vom Markt gehen – wie bereits im Mittelalter – die **Hauptwege** durch die Altstadt ab.

Unter einer Laterne an der nordwestlichen Platzecke vor dem Rathaus weist ein **Gedenkstein** auf die Hinrichtung dreier Ratsherren im Jahr 1415 hin. Damals hatten für kurze

Zeit die einfachen Leute unter dem Wollenweber Claus Jesup das Rathaus erobert. Der Gedenkstein gilt als Warnung für alle Bürgermeister, die Stadtgeschicke zur Zufriedenheit der Bürger zu leiten.

Einige Tage pro Woche dient der Platz als **Wochenmarkt** (s. S. 115). Das gesamte Jahr über ist er Schauplatz verschiedener **Veranstaltungen** wie dem Schwedenfest (s. S. 9), den Heringstagen (s. S. 8) und dem Weihnachtsmarkt (s. S. 10).

Unter den Linden im südlichen Bereich des Markts zum gotischen Quartier hin fanden früher **Gerichtsverhandlungen** statt; hier findet man bestimmt ein schattiges Plätzchen und genießt einen idealen Überblick über den Platz.

› Am Markt

32 Rathaus ★★ [III C3]

Die Nordseite des Markts 31 wird vom Rathaus der Stadt geprägt. Der Grundstein wurde 1817 gelegt; bereits zwei Jahre später konnte der **klassizistische Bau** mit Mansarddach dem Rat von dem mecklenburgischen Hofbaumeister Johann Georg Barca übergeben werden. Am Gebäude selbst und auch darunter befinden sich noch immer Reste des **Vorgängers aus der Hansezeit.** Dieser stammte aus dem 14. Jh. und war 1807 eingestürzt; die Überbleibsel des alten Rathauses wurden damals einfach überbaut.

Über dem mittig gelegenen Eingang befindet sich der auf dorischen Säulen ruhende **Balkon.** Hier erkennt man das **historische Wappen der Stadt** mit dem halben **Stierkopf,** eine Erinnerung an die Zeit, als Wismar Residenz der mecklenburgischen Landesherren war (1257–1358). Die Stadt Wismar verwendet heute offiziell ein Wappen mit einer Kogge in den typischen Farben der Hansezeit, Rot und Silber, mit geblähtem Segel, drei silbernen Fischen und einer kleinen Möwe auf dem Bug. Auch in diesem Wappen findet sich der Stierkopf als Dekoration des Segels.

Nach der Fassadensanierung erstrahlt der Sitz des Bürgermeisters seit 2008 wieder in hellen Farben. Im **Rathauskeller,** der ebenfalls noch vom mittelalterlichen Vorgängerbau erhalten blieb, erfährt man in der ständigen **Ausstellung „Wismar – Bilder einer Stadt“** (s. S. 122) Wissenswertes zur Stadtgeschichte. Originale Wandmalereien und ein alter Brunnen sorgen für die passende Atmosphäre. Neben dem Eingang zum Keller steht ein Stadtmodell in Bronze; es ist auch für Blinde ertastbar.

Wer an einer **Stadtrundfahrt** interessiert ist, sieht die kleinen Busse auf der westlichen Platzseite stehen.

› Am Markt 1

33 Wasserkunst ★★ [III C3]

Der **zwölfeckige, pavillonartige Bau** mit einer Kupferhaube schmückt seit mehr als 400 Jahren den Markt 31 und gilt heute als **Wahrzeichen Wismars.** Früher überdachte das Gebäude die Pumpenanlage der Wismarer Wasserversorgung. Die Wasserkunst diente so als **Zapfstelle für frisches Wasser.** Aufgrund der exponierten Lage gestaltete man die Umhüllung der Wasserquelle künstlerisch besonders auffällig.

◁ Die Wasserkunst, ein aufwendig gestalteter Brunnen im Stil der Renaissance, versorgte Wismars Bürger früher mit frischem Wasser

Störtebeker – ein Wismaraner?

Den berühmt-berüchtigten Freibeuter ***Klaus Störtebeker*** *(um 1360–1401) kennt man inzwischen überall. Wer genau sich hinter dem Namen verbarg und wo er geboren ist, bleibt aber nach wie vor unklar. Gesichert scheint nur, dass er 1401 auf dem Grassbrock in Hamburg seinen Kopf verlor. Dem voraus ging eine jahrelange Jagd auf ihn und seine Mannen.*

Der Legende nach sollen die ***Vitalienbrüder,*** *auch* ***Likedeeler*** *(niederdeutsch: „Gleichteiler") genannt, den schwedischen König im Kampf gegen die dänische Königin und die mit ihr verbündeten Hansestädte unterstützt haben. Den Piraten wurden* ***Kaperbriefe*** *ausgestellt: Damit konnten sie die erbeuteten Waren legal verkaufen, z. B. auf dem Markt* **31** *in Wismar. Als jedoch Frieden geschlossen wurde, wollte man die Absprache zurücknehmen. Trotzdem richteten die Likedeeler ihre Aktivitäten weiterhin gegen die dänischen Flotte und die Handelsschiffe der Hanse. Die Hansestädte stellten eine gemeinsame Flotte auf und jagten die Piraten über die Ostsee. 1401 sollen sie festgenommen und hingerichtet worden sein.*

Klaus Störtebeker war ihr furchtloser und glorifizierter Anführer und wird gern als eine Art ***„Robin Hood der Ostsee"*** *beschrieben. Viele Legenden ranken sich um ihn. Welche Verbindung besteht aber nun nach Wismar? In den Stadtchroniken, dem sogenannten* ***Verfestungsbuch,*** *gibt es eine Notiz von 1380, in der eine handfeste Schlägerei - wohl als Folge eines Saufgelages - verzeichnet ist. Leidtragender dieser Prügelei war ein gewisser Nikolaus Störtebeker, ein junger Mann aus Wismar. Nun liegt die Vermutung nahe, dass es sich um eben jenen späteren Freibeuterkapitän handelt. In der Speicherstraße 8 soll sein Geburtshaus stehen. Ein Beweis fehlt allerdings und somit bleibt die Biografie Störtebekers, sofern dies überhaupt sein bürgerlicher Name war, wohl weiterhin im Dunkeln.*

Die Konstruktion nach Plänen des Holländers Philipp Brandin im Stil der niederländischen Renaissance dauerte 23 Jahre, bevor die Wasserkunst 1602 der Stadt übergeben werden konnte. Der Bau wurde u. a. nötig, weil immer mehr Brauer sauberes Wasser für ihre **Bierproduktion** brauchten. Das funktionierte folgendermaßen: Man pumpte frisches Wasser aus Quellen vor der Stadt in die Altstadt, von wo aus das kühle Nass über Holzrohre in rund 220 Haushalte und zu 16 öffentlichen Wasserstellen gelangte, den sogenannten Freipfosten.

Zwei **Freipfosten in Form von Seefabelwesen** waren damals direkt an der Wasserkunst angebracht und versorgten die umliegenden Bewohner mit Wasser. Nachdem die zwei Figuren Nix und Nixe – vom Rat als unsittlich betrachtet – im 19. Jh. ins Stadtmuseum im Schabbellhaus **48** verbannt worden waren, setzte man erst 1998 wieder Kopien der Wasserleiter an der Nordseite des kleinen Pavillons ein. Unter der **Kuppel** der Wasserkunst sind außen umlaufend Geschichten zu Wasser und Hygiene auf Latein und Deutsch angebracht.

› Am Markt

34 Reuterhaus ★ [III C3]

Wo heute Wismarer und Touristen lokale Spezialitäten schlemmen, standen einst Regale voller Bücher. Der bekannte **Verleger und Buchhändler Dethloff Carl Hinstorff** (1811–1882) ging hier in die Lehre, kaufte das Haus am Markt 31 im Jahr 1849 von seinem Lehrmeister und zog schließlich mit seiner Verlagsbuchhandlung von Parchim nach Wismar. Der für den niederdeutschen Raum bedeutende **Schriftsteller Fritz Reuter** (1810–1874) nächtigte bei seinen Wismar-Besuchen in diesem Gebäude – daher auch der Name. Ein kleines **Bronzerelief** an der Seite zur Großschmiedestraße zeigt rechts den Schriftsteller mit seinem markanten Bart und links seinen Verleger. Sie trafen sich gern bei einem Glas Wein, woraus meist ein mehrtägiges Trinkgelage wurde. Reuter soll hier auch seinen ersten Vertrag mit Hinstorff unterschrieben haben. Es war der Beginn eines großen Erfolgs, vor allem für den Verleger.

Der Verfall der alten Bausubstanz konnte nach dem Zweiten Weltkrieg nicht mehr gestoppt werden, sodass das Reuterhaus 1988 abgetragen werden musste. Anschließend erfolgte der Wiederaufbau. In Anbetracht des stetigen Mangels an Baumaterial in der DDR muss der originalgetreue Wiederaufbau des Hauses als Glücksfall betrachtet werden. Heute strahlt das Gebäude wieder im **barocken Stil** und in **frischem Gelb.** Es beherbergt ein **Restaurant und Hotel.**

› Am Markt 19, www.restaurant-reuterhaus.de, Tel. 22230, tgl. 12–22 Uhr

35 Alter Schwede ★★ [III C3]

„Alter Schwede" – das ist in Wismar nicht nur ein Ausruf des Erstaunens, es ist vor allem eine ausgezeichnete kulinarische Adresse. Wismars **ältestes erhaltenes Bürgerhaus** wurde um 1380 am Markt 31 errichtet. Besonders markant ist der **Staffelgiebel** mit Durchblick in den Himmel. Es ist ein typisches Kaufmannshaus der Hansezeit mit einer repräsentativen Diele und mehreren Speicherböden. Der Kaufmann selbst wohnte mit seiner Familie meist in der Kemlade, einem einfachen Anbau an der Gartenseite. Den Namen erhielt der Bau erst 1878, als hier eine Gastwirtschaft einzog. Ein Besuch des **Restaurants**, das im Oktober 1989 nach umfangreicher Restaurierung wieder eröffnete, lohnt sich allemal. Der Einbau einer barocken Galerie und die Freilegung der Seitenwände in Backstein untermalen die historische Atmosphäre. Unter den von der

043ro Abb.: tm

▷ *Sogar die schwedische Königin ließ sich schon im Alten Schweden bewirten*

Decke hängenden Schiffsmodellen werden mecklenburgische und skandinavische Spezialitäten serviert. Hier speisten bereits Mitglieder des schwedischen Königshauses. Natürlich fühlen sich viele durch den Namen an die schwedische Besatzungszeit (s. S. 105) erinnert, was durchaus beabsichtigt ist. Ein sogenannter **Schwedenkopf** über der Tür, so wie er auch vor dem Baumhaus 46 im Alten Hafen 45 zu finden ist, zeigt die Verbindung optisch an.

› Am Markt 22, www.alter-schwede-wismar.de, Tel. 283552, tgl. ab 11:30 Uhr

36 Archidiakonat ★ [III C3]

Eines der schönsten **mittelalterlichen Häuser** in Wismar ist zweifelsohne das Archidiakonat, das ehemalige Verwaltungs- und Wohngebäude des Vorstehers vom Kirchensprengel (Pfarrbezirk). Im Rahmen von dendrochronologischen Untersuchungen wurde festgestellt, dass größere Teile des Gebäudes um 1400, also früher als bisher geglaubt, errichtet wurden. Wie oft bei repräsentativen Bauten schmücken **glasierte und unglasierte Ziegel** die Fassade. Besonders der Nordgiebel fällt durch seine zahlreichen schmückenden Elemente wie Zinnen, Formsteine und Windlöcher auf. Der südliche Giebel sieht etwas schlichter aus; die Traufseite (Dachseite) ist wiederum ungewöhnlich aufwendig gestaltet. 1885 erstmals restauriert, wurde nach der partiellen Zerstörung im Zweiten Weltkrieg ein Teilabriss und Wiederaufbau nötig. Damit ist das Archidiakonat eines der wenigen Gebäude im gotischen Quartier, das zu DDR-Zeiten wiederaufgebaut wurde. Das heutige Gebäude, das nur noch halb so lang wie einst ist, dient als **Sitz des Probstes im Kirchenkreis Mecklenburg.**

› St.-Marien-Kirchhof 3/ Ecke Sargmacherstr.

0044ro Abb.: tm

37 Marienkirche ★★★ [III B3]

Die spätgotische Hallenkirche St. Marien war einst das Hauptgotteshaus der Stadt. Nach der Zerstörung im Krieg und dem Abriss des Kirchenschiffs in der DDR-Zeit steht der Turm heute weithin sichtbar da – vielen Wismaranern gilt er als zwiespältiges Symbol.

Eine erste Kirche an dieser Stelle ist bereits um 1250 belegt. Aus diesem schlichten Bau entstand später eine **Hallenkirche** mit großem Westturm und Seitenkapellen. Die Hallenkirche wurde wiederum im 14. Jh. zu einer **Basilika** umgestaltet. Somit steht die Marienkirche ganz im Zeichen hanseatischer Bautraditionen

Ganze 80 m hoch: der erhaltene Westturm der Marienkirche

und Vorlieben. Nachdem die Spitze des Turms durch einen Blitzschlag 1539 und einen Einsturz 1616 beschädigt wurde, schmückt zwar kein hoher Helm mehr die höchste Stelle der Kirche, jedoch sind die dekorierten Satteldächer mit ihren Giebelfenstern und der Turmuhr sehr sehenswert. Der **erhaltene Turm** misst heute über 80 m und ist weit über die Stadt hinaus erkennbar. Bei **Turmführungen** erfährt man mehr zum Bau der imposanten Landmarke.

St. Marien war **Ratskirche** und damit die wichtigste der gotischen Kathedralen in Wismar. Der Zweite Weltkrieg hinterließ tiefe Spuren an der Kirche. Um 1960 entschied sich die Stadtverwaltung zur **Sprengung**. Nach langer Diskussion legten von der Regierung benannte Experten fest, dass die Kirche nicht zu retten sei und in ihrem baulichen Zustand eine Gefahr für die Bürger darstelle. **Protestaktionen** der Wismarer Einwohner blieben ungehört. Nur der Turm mit seinen Seitenschiffen wurde erhalten und saniert. Einige Wismaraner meinen, der Turm entging aufgrund seiner Höhe und damit Relevanz als Landmarke für die Seefahrt der Sprengung, während andere Stimmen von einem Symbol für die Kriegszerstörungen und wieder andere von einem Sinnbild für die fehlgeleitete Kulturpolitik der DDR-Zeit sprechen. Was von der **Ausstattung** zu retten war, wurde auf andere Kirchen verteilt. So sind z. B. das Triumphkreuz heute im Schweriner Dom und der Taufstein im Doberaner Münster zu finden.

Steine der Marienkirche wurden für den Bau der **Neuen Kirche** gegenüber genutzt. Nach Plänen Otto Bartnings entstand hier Anfang der 1950er-Jahre eine **Notkirche** für die Kirchgemeinde. Nach gleichem Muster wurden mehr als vierzig Kirchen im Nachkriegsdeutschland errichtet. Baumaterial aus den Kirchenruinen wurde mit Fertigteilen aus Holz und Glas kombiniert und so in nur kurzer Zeit eine neue Heimstatt für die Gläubigen geschaffen. Damals rechnete man noch mit dem Wiederaufbau von St. Marien.

Seit dem Jahr der Backsteingotik 2003 wurde im **Kirchhof** von St. Marien eine sehenswerte **Ausstellung über die Backsteinbaukunst** („**Wege zur Backsteingotik**") eingerichtet. Der Grundriss wurde wieder freigelegt und mithilfe einer niedrigen Backsteinwand nachgestellt. Innerhalb dieser Umrandung werden Skulpturen unter freiem Himmel gezeigt. Der animierte **3-D-Film** mit **Bruno Backsteins** kurzweiligen Erläuterungen zur Bauweise des mittelalterlichen Gotteshauses ist ein Publikumsmagnet. Ausstellungen in den Turmhallen und eine Backsteinwerkstatt sorgen für einen gelungenen und informativen Besuch.

Neben der Kirche standen einst die Alte Schule, die Kapelle Maria zur Weiden und die Banzkowsche Sühnekapelle. Die Kellergewölbe der Alten Schule wurden jüngst freigelegt und gesichert, nachdem das 1351 erstmals erwähnte Gebäude 1945 so schwer beschädigt worden war, dass man es komplett abriss. Der Keller war erhalten geblieben und wurde bei der Vorbereitung einer Straßensanierung wiederentdeckt.

❯ St.-Marien-Kirchhof, Kirche u. alle Ausstellungen April–Sept. tgl. 9–17 Uhr, Okt.–März tgl. 10–16 Uhr, Eintritt frei (Spende erbeten), 3-D-Film 3 €, erm. 2 €. **Turmführungen** April–Sept. 10–16, Okt.–März 11–15 Uhr jeweils zur vollen Stunde, 3 €, erm. 2 €.

38 Fürstenhof ★★★ [III B4]

Der aus zwei rechtwinklig aneinandergesetzten Flügeln bestehende Bau diente viele Jahrhunderte als Residenz der mecklenburgischen Herzöge. Mit seiner Fassade im italienischen Renaissancestil ist der Fürstenhof ein Hingucker in der Altstadt.

Ganz in der Nähe des heutigen Fürstenhofs befand sich um 1256 die Burg der Fürsten von Mecklenburg. Als **Heinrich der Pilger** (um 1230–1302) in Ägypten in langjährige Gefangenschaft geriet, bauten die stolzen Stadtväter Wismars die neue Stadtmauer so, dass die Burg nun außerhalb der Stadtgrenzen lag. Nach der Rückkehr des Herrschers verständigte man sich auf eine neue, unbefestigte Residenz innerhalb der Stadtmauern. Diese hatte bis 1359, als der Hof offiziell nach Schwerin umzog, Bestand, wurde aber nicht mehr intensiv genutzt. Unter Herzog Heinrich V. (1479–1552) entstand aus Anlass seiner Trauung mit Helene von der Pfalz im Jahr 1512 der erste Abschnitt einer neuen, kleinen städtischen Hofhaltung. Dieser westliche Teil – das **Alte Haus** – trägt noch spätgotische Züge. Nur wenige Jahre später, zwischen 1553 und 1555, wurde der östliche Flügel erbaut. Für das **Neue Haus**, das ebenfalls aufgrund einer bevorstehenden Hochzeit – diesmal der von Johann Albrecht I. (1525–1576), dem Neffen und Thronfolger Heinrichs, mit Anna Sophie von Preußen – errichtet wurde, kamen nun allerdings Elemente oberitalienischer Renaissance-Paläste zur Anwendung.

Mit dem Einzug der Schweden (s. S. 105) nach dem Ende des Dreißigjährigen Krieges im Jahr 1648 mussten die Herzöge ihre Sommerresidenz aufgeben. Bis zur Rückgabe Wismars an den deutschen Bund 1803 war hier das **höchste schwedische Gericht**, zuständig für sämtliche Besitzungen in Norddeutschland, untergebracht. Zwischenzeitlich als Theater und Pferdestall genutzt, bezog 1876 das **Amtsgericht** die Räume. Auf der Hofseite erkennt man gut die unterschiedliche Farbgebung des Neuen Hauses nach Schließung einer Baulücke im 18. sowie Restaurierung und Veränderung im 19. Jh. Heute versucht man behutsam, alle Originalgestaltungen zu zeigen und es ergibt sich ein **reizvolles Gemisch der Stile.**

Über der Durchfahrt im Innenhof sind David, den Riesen Goliath erschlagend, und Delila, die Samson die ihm Kraft verleihenden Locken stiehlt, zu sehen. Die **Friese** an der Stadt- bzw. Hofseite zeigen Szenen aus dem Trojanischen Krieg und dem Gleichnis vom verlorenen Sohn. Wer den Durchgang passiert, erfreut sich an dem schönen Gewölbe. Heute wird der Komplex wieder durch das **Stadtarchiv** und das **Amtsgericht** genutzt.

› Vor dem Fürstenhof

39 Georgenkirche ★★★ [III B4]

Eindrucksvoll strebt diese Kirche dem Himmel entgegen. Das dritte Gotteshaus der Stadt wurde mit Unterstützung der Deutschen Stiftung Denkmalschutz wiederaufgebaut und ist heute das wohl bekannteste Bauwerk Wismars und reizvolle Theaterspielstätte.

Schon aus der Ferne ist die Georgenkirche zu erkennen. Von der Aussichtsplattform blickt man über die Altstadt bis zur Insel Poel und weit ins Mecklenburger Land.

045ro Abb.: tm

Direkt neben dem Fürstenhof 38 gelegen, ist **St. Georgen** das zuletzt gebaute Gotteshaus in Wismar. Dass noch eine dritte große Kirche in der Stadt geplant wurde, spricht für den Reichtum und das Selbstbewusstsein Wismars und seiner Bürger in der **Hansezeit.** Bereits Ende des 13. Jh. wurde hier mit dem Bau einer Kirche begonnen. Teile des Chors gehen auf diese erste Phase zurück.

Gut 100 Jahre später entschied man sich für einen größeren Ausbau. Immer wieder kam es zu Verzögerungen und Unterbrechungen, sodass die Arbeiten erst 1594, nach 190-jähriger Bauzeit, abgeschlossen werden konnten. So hat man nie alle ursprünglichen Gestaltungsideen ausführen können. Einen mächtigen Turm, wie ihn die Marienkirche 37 besitzt, hat man hier nicht mehr gebaut. Daher verfügt die Kirche heute über eine **ungewöhnliche Optik** mit einer **gewissen Schwere.**

Auffällig ist hier das **Querschiff**, das – im Gegensatz zu anderen Wismarer Kirchen – die gleiche Höhe besitzt wie das Langhaus. Insgesamt erreicht die Kirche beeindruckende Ausmaße, auch wenn ihr ein hoher Turmhelm fehlt. Der **hl. Georg**, nach dem die Kirche benannt ist, war im Norden als Schutzheiliger beliebt.

1945 schwer von Bomben getroffen, verfiel das Gotteshaus nach dem Krieg zusehends. Das Dach war zerstört; schon bald richteten Regen und Wind große Schäden im Kirchenraum an. Geplante Erhaltungsarbeiten wurden zu **DDR-Zeiten** nicht ausgeführt. Für die Bürger der Stadt war die Kirchenruine ein schmerzvoller Anblick. Mittel zur Sanierung ließen sich nicht auftreiben. 1989 fand die Georgenkirche bei einem Besuch westdeutscher Journalisten große Beachtung. Nach einem Teileinsturz 1990 musste eine Entscheidung getroffen werden.

046ro Abb.: tm

In den nun folgenden zwanzig Jahren fanden in einem Pilotprojekt der **Deutschen Stiftung Denkmalschutz** umfangreiche **Restaurierungsarbeiten** mit großer Medienwirkung statt. Damit ist die Georgenkirche eines der ersten und größten Wiederaufbauprojekte in den neuen Bundesländern. Rund 40 Mio. Euro kamen durch Spenden und Förderung bis 2014 zusammen. Allein die Deutsche Stiftung Denkmalschutz unterstützte die Sanierung mit 15 Mio. Euro. Der Name des Vorsitzenden der Stiftung, Gottfried Kiesow (1931–2011), wird ewig und untrennbar mit St. Georgen in Wismar verbunden sein.

Mit der Eröffnung der **Aussichtsplattform** im Mai 2014 galten die Restaurierungsarbeiten nach 24 Jahren als abgeschlossen. Die erhaltenen Teile der **Innenausstattung** sind in der Nikolaikirche 47 und in der Neuen Kirche untergebracht. Der **Hochaltar** der Georgenkirche von 1430 gilt als einer der wertvollsten und größten im Ostseeraum und ist heute ebenfalls in St. Nikolai beheimatet; ein Förderverein engagiert sich für die Restaurierung und Wiederausstellung. St. Georgen wird heute für **Konzerte und Veranstaltungen** genutzt, u. a. vom Theater der Hansestadt Wismar (s. S. 126). Am dritten Adventswochenende findet in der Kirche ein **Kunstmarkt** mit regionalen Ausstellern statt.

› St.-Georgen-Kirchhof, Eingang Ecke Große Hohe Str., www.kirchen-in-wismar.de (Menüpunkt „Übersicht/Unsere Kirchen"), Kirche und Aussichtsplattform (Fahrstuhl) Apr.–Sept. tgl. 9–17, Okt.–März tgl. 10–16 Uhr, Eintritt: Kirche frei (Spende erbeten), Aussichtsplattform 3 €

40 Heiligen-Geist-Kirche ★★ [III B3]

Dieses bescheiden anmutende Gotteshaus geht überwiegend auf das 14. Jh. zurück. Einhergehend mit der Einrichtung eines **Spitals** zur Betreuung von Kranken und Armen Mitte des 13. Jh. wurde der Bau der Kirche nach 1250 begonnen. Diese Art der Fürsorge gab es in vielen Hansestädten. Das bekannte Heiligen-Geist-Hospital in Lübeck diente hier wohl als Vorbild. Neben den Armen und Alten der Stadt fanden auch Pilger und Durchreisende Aufnahme. Im Langhaus der Kirche waren dazu Zellen mit **Schlafstätten für Bedürftige** eingerichtet. Hinzu kam das sogenannte **Lange Haus** mit weiteren Herbergsräumen. Im 16. Jh. erfolgten

◻ Das Rot imposanter Backsteinmauern prägt seit Jahrhunderten die Silhouette der Stadt

◻ Abseits des Trubels: im Hof der Heiligen-Geist-Kirche

größere Veränderungen am Äußeren der Kirche. Später wurde der **Innenhof** umgestaltet und rundherum mit Wohnungen ausgestattet – auch heute noch für viele Besucher ein idyllischer Einblick in die Vergangenheit.

Sehenswert im Kircheninneren ist die **bemalte Holzbalkendecke** aus dem 17. Jh. An den Balken erkennt man u.a. Szenen aus der Schöpfungsgeschichte. Die Decke wurde nach Beschädigung des Gewölbes durch eine Explosion von 1699 eingebaut. Ein mittelalterliches Fresko, die bedeutende **Glasmalerei** aus der Marienkirche 37 und die **Renaissance-Kanzel** zählen zu den wertvollsten Stücken der Innenausstattung. Am **Fresko** können Besucher rätseln, wie oft sich die Wendung „Deo Gracias" („Gott sei Dank") darin ablesen lässt. Aufmerksamkeit verdienen auch die Gestühlswangen mit den Zeichen der Handwerksämter und Kompanien. Wertvolle Gemälde und Leuchter zeugen von vielen Stiftungen an die Kirche. Vielen Gästen mag der **Eingang zum Hof** bekannt vorkommen, wird er doch in der Fernsehserie „SOKO Wismar" gezeigt. In der kleinen **Kaffee-Ecke** der Kirche lassen sich die schönen Malereien an Decke und Wänden bei einer kalten oder warmen Erfrischung ausgiebig betrachten.

Das Gotteshaus befindet sich in der **Lübschen Straße.** Typisch für mittelalterliche Gründungen, führte sie nicht gerade durch die Stadt, sondern geschlängelt. So waren von keinem Punkt der Straße aus Anfang und Ende gleichzeitig zu sehen. Die Lübsche Straße war einst die wichtigste Durchgangsstraße von West nach Ost entlang der Handelsroute an der Ostsee.

› Lübsche Str. 32/Ecke Neustadt, www.kirchen-in-wismar.de (Menüpunkt „Unsere Kirchen"), Mai–Sept. tgl. 10–18, Okt.–Apr. bis 16 Uhr, So. während der Gottesdienste (ca. 10–11 Uhr) keine Besichtigung möglich. Führungen nach tel. Anmeldung unter Tel. 283528, Eintritt frei (Spende erbeten)

41 Zeughaus (Stadtbibliothek) ★ [III B3]

Als Wismar unter schwedischer Herrschaft (s. S. 105) stand, orderte **Karl XII. von Schweden** (1682–1718) den Um- und Ausbau der Stadtmauern und Verteidigungslinien an. Die Stadt sollte später eine der am stärksten befestigten in ganz Europa werden, wenn auch nach dem

047ro Abb.: tm

Großen Nordischen Krieg (beendet 1721) vieles wieder geschleift wurde. Nach der Explosion eines Pulverturms im Jahr 1699 wurde auch ein Neubau des **Waffenarsenals** für die schwedische Garnison nötig. Die ab 1700 vermutlich vom Stockholmer Baumeister Erik Dahlberg gebaute Rüstkammer erhielt durch eine ungewöhnliche **freitragende Deckenkonstruktion** riesige Räume mit reichlich Lagerfläche. Das Obergeschoss benötigte daher keinerlei Stützen und Pfeiler. Mithilfe einer Rampe konnte auch schweres Gerät mit dem Pferdewagen nach oben geschafft werden. Damit gilt das Zeughaus als ein bedeutendes Beispiel **barocker Militärarchitektur.** Noch im 18. Jh. kaufte die Stadt Wismar das Gebäude und nutzt es seither.

Heute befinden sich hier die **Stadtbibliothek** und diverse **Veranstaltungsräume.** Wer möchte, kann während der Öffnungszeiten einen Blick hineinwerfen.

› Ulmenstr. 15/Ecke Zeughausstr., http://stadtbibliothek.wismar.de, Tel. 2514020, Mo./Di./Do./Fr. 10–18, Mi. 13–18, Sa. 10–13 Uhr, WLAN

42 Grube und Gewölbe ★★ [III B2]

Die **Grube,** einer der ältesten künstlichen Wasserläufe Deutschlands, durchquert Wismar auf ca. 680 m von Ost nach West und ist in **drei Abschnitte** unterteilt: Zunächst als Mühlenbach, dann als Frische Grube (auf Höhe der Nikolaikirche 47) und schließlich als Runde Grube (zwischen Ziegenmarkt und Mündung) gab die Grube den neben ihr verlaufenden Straßen ihre Namen. Der **kleine Kanal** diente als Transportweg von den Mühlen zum Alten Hafen 45 und zur Wasserentnahme für Haus und Gewerbe. Bei Bränden konnte die Grube durch Einsetzen von Holz- oder Eisenwänden aufgestaut werden – auf diese Weise wurde die Entnahme von Löschwasser erleichtert. Heute gibt der schmale Kanal der Altstadt Wismars ihr historisches Gepräge.

Kurz vor der Mündung überspannt das **Gewölbe,** eine der wenigen **Fach-**

Im romantischen alten Gewölbe kann man in behaglichen Ferienwohnungen übernachten (s. S. 127)

049ro Abb.: tm

Auf den Spuren der Schwedenzeit

Nach dem Dreißigjährigen Krieg wurden Wismar, die Insel Poel und das Amt Neukloster im ***Westfälischen Frieden*** *1648 dem Königreich Schweden zugesprochen. Bereits 1632 hatten schwedische Truppen die Stadt besetzt. Schon bald etablierte sich im* ***Fürstenhof*** *(38) das zentrale Tribunal für alle schwedischen Besitzungen in Deutschland. Die Stadt erhielt die Freiheit, alle örtlichen Angelegenheiten selbst zu regeln. Generell waren die Schweden eher an Abgaben und wirtschaftlichen Vorteilen interessiert als an lokaler Politik. So siedelten sich schwedische Handwerker und Kaufleute in Wismar an und neues Kapital kam in die Stadt. Auch einige Wismaraner versuchten ihr Glück im hohen Norden. Alles in allem ging es der Region damit besser als anderen Orten in Deutschland, die nur mit viel Mühe die Kriegszerstörungen bewältigen konnten.*

Die Schweden als neue Großmacht in der Ostsee verwickelten Wismar in der Folge in einige ***Konflikte.*** *Zwischenzeitlich waren auch die Dänen Herr über die kleine Hansestadt. So wurden ab 1650 die Stadtbefestigung und Wehranlagen ausgebaut, die Insel Walfisch zum Fort umgestaltet und das riesige* ***Waffenarsenal*** *errichtet. Wismar war bald eine der größten Festungen in Europa. Bereits ab 1716, zur Zeit des Großen Nordischen Kriegs, in dem die Schweden nicht auf der siegreichen Seite standen, musste das meiste wieder geschleift werden. Die vielen Auseinandersetzungen ließen die Stadt zusehends verarmen.*

Da die Schweden den Zenit ihrer Macht überschritten hatten, entschieden sie sich 1803, Wismar zu verpfänden. Der ***Vertrag von Malmö*** *regelte die Rückgabe der Stadt und ihrer Umgebung an den Herzog von Mecklenburg für 1,25 Mio. Taler. Nach 100 Jahren hatte die schwedische Krone das Recht zum Rückkauf, entschied sich aber 1903 für die endgültige Übereignung an Mecklenburg.*

Heute kann man in Wismar, ausgerüstet mit einem ***Faltblatt der Tourist-Information*** *(s. S. 120), den Spuren der Schwedenzeit folgen. Stationen sind z. B. der Alte Schwede (35) auf dem Markt (31), das Zeughaus (41) und die Schwedenköpfe vor dem Baumhaus (46) im Alten Hafen (45). Zugleich erinnert das jährliche* ***Schwedenfest*** *(s. S. 9) an die ausgesprochen enge Bindung an Skandinavien.*

048ro Abb.: tm

Bunt bemalter Zeuge der Vergangenheit: ein Schwedenkopf in Wismar

EXTRATIPP

Bierbrauer mit Tradition

Bierfreunde pilgern in das **Brauhaus am Lohberg** (s. S. 118) in der sehenswerten Straße **Am Lohberg** 42. Die meiste Zeit war das schöne Backstein- und Fachwerkgebäude ein Brauhaus; die Brautradition reicht mit Unterbrechungen bis in das Jahr 1452 zurück. Die **Wismarer Mumme,** ein dunkles, süffiges Starkbier, war im Mittelalter ein Exportschlager: Nach Skandinavien, Russland und sogar Indonesien gelangte der Gerstensaft aus Wismarer Herstellung.

1995 wurde die heutige Gasthausbrauerei gegründet. Nach dem Vorbild alter Rezepturen werden hier heute wieder Bierspezialitäten hergestellt. Natürlich kann man die Wismarer Mumme, den **Roten Erik** und die kräftigen **Bockbiere** der Saison auch mit nach Hause nehmen; lange haltbar sind sie mangels Pasteurisierung jedoch nicht. Braumeister Stefan Beck offeriert auch einen **Bier-Whisky** aus der hauseigenen Destillerie. Das Restaurant bietet **bodenständige Gastronomie** im historischen Ambiente.

werkbauten der Stadt, die Grube. Das merkwürdig schiefe Haus ruht auf zwei Brückenjochen (Pfeilern), deren Tonnenwölbung ausschlaggebend für den Namen war. Erhaltene Dachbalken lassen eine Datierung aus dem Jahr 1650 zu. Das Haus, das Teil der Wehranlagen war, erfuhr im Laufe des 18./19. Jh. zahlreiche Veränderungen. Die Nutzung wechselte ebenfalls mehrmals. So wurde hier Wein auf seine Qualität hin geprüft, Bier ausgeschenkt und eine Fischräucherei betrieben. Seit einiger Zeit werden die Zimmer **an Urlauber vermietet** (Ferienwohnung im Gewölbe, s. S. 127).

› **Gewölbe,** Runde Grube 4

43 Am Lohberg ★★ [III B2]

In den alten **Lager- und Speicherhäusern** direkt gegenüber dem Alten Hafen 45 begrüßen heute kleine **Kneipen und Restaurants** die Gäste. Auf eine besonders lange Tradition blickt das **Brauhaus am Lohberg** (s. S. 118) zurück, das in einem ansehnlichen Fachwerkspeicher beheimatet ist: Schon 1452 wurden hier Hopfen, Malz und Wasser verarbeitet; ein Besuch lohnt sich in jedem Fall.

Die **Häuserzeilen Am Lohberg** und **Spiegelberg** vermitteln einen guten Eindruck vom einstigen Aussehen der alten Seestadt Wismar zur Blütezeit der Hanse (s. S. 7). Speicher und Wohnhäuser wurden nach langer Vernachlässigung wieder hübsch hergerichtet; **alte Schriftzüge** an den Gebäuden erinnern an die typischen, meist maritimen Gewerbe.

44 Wassertor ★★ [III B2]

Wie Rostock war auch Wismar vom Mittelalter bis in die Neuzeit von einer **Stadtmauer** umgeben. Davon ist nicht viel erhalten. Neben dem alten Wasserturm im Lindengarten [III D2] und einigen Mauerresten zeugt nur noch das um 1450 erbaute Wassertor von der Befestigung. Die **schmale Durchfahrt** in Form eines **Spitzbogens** war früher der einzige Zugang zum Alten Hafen 45. Auffällig sind die zwei unterschiedlichen Giebel: Während die Stadtseite ein Staffelgiebel schmückt, bildet zum Hafen hin ein einfaches Dreieck die Stirnseite. Im Durchgang erinnert eine Plakette an den **Filmklassiker „Nosferatu“**, der 1921 in Wismar gedreht wurde.

› Am Lohberg/Ecke Spiegelberg

Im Alten Hafen mit Zollhaus und Wassertor geht man gern vor Anker

45 Alter Hafen ★★★ [III B1]

Das Herz einer Hansestadt schlug stets am Hafen: Hier wurden die Geschäfte gemacht, die den Wohlstand der Bevölkerung begründeten. Der Alte Hafen in Wismar ist ein reizvolles Zeugnis der mittelalterlichen Hansezeit.

Die Zeiten, als hier Tonnen mit Hering angelandet und Bierfässer verladen wurden, sind natürlich längst vorbei. Heute geht es eher ruhig zu. Allerdings hat das **Hafenbecken** nach wie vor dieselbe Form und Größe wie im Mittelalter, wurde mithin nicht verändert. Der Hafen liegt geschützt. Erst über die Wismar-Bucht, vorbei an der kleinen, einstigen Festungsinsel Walfisch, kommt man auf die offene See. Geht man etwas weiter nach Norden am Wasser entlang, gelangt man zu einer alten Hansekogge, der **Poeler Kogge „Wissemara"**. Dieser bauchige Schiffstyp prägte im 13. Jh. das Bild vieler Ostseehäfen. In langjähriger, liebevoller Arbeit entstand dieser **Nachbau**, u.a. auf der Basis von vor der Insel Poel gefundenen Originalteilen. Gelegentlich ist die „Wissemara" auf Segeltörns unterwegs, aber meist kann man das vor Anker liegende Schiff bei einem Bummel durch den Hafen bewundern.

Von hier aus fällt der Blick im Westen auf die **MV-Werften** und im Osten auf den **modernen Holzhafen.** Die Hafenwirtschaft ist nach wie vor ein bedeutender Wirtschaftsfaktor in Wismar. Der ökonomische Erfolg der hier ansässigen Unternehmen unterliegt allerdings starken Schwankungen; es gibt kaum einen Wismaraner, der nicht direkt oder indirekt betroffen wäre, wenn die Werft Aufträge einbüßt.

Hafenrundfahrten und **Überfahrten nach Poel** (z. B. von Adler-Schiffe, s. S. 125) starten auch hier. Meist liegt zudem das eine oder andere Schmuckstück am Kai, etwa schö-

050ro Abb.: tm

Kleine Fischkunde – von pupsenden Heringen und grunzenden Dorschen

Wer an die Küste fährt, der will auch frischen Fisch essen. Bei der Vielzahl an schuppigem Meeresgetier fällt es manchmal schwer, den Fisch und das, was aus ihm hergestellt wird, zu identifizieren. Folgende kleine Zusammenstellung soll ein ***Rüstzeug für den Fischkauf und professionellen Anglerplausch*** *sein:*

Der ***Hering*** *wird auch das „Silber der Ostsee" genannt - seine glänzenden Schuppen brachten ihm diesen Beinamen ein. Im Mittelalter war er bedeutendes Handelsgut und begründete den Reichtum der Hansestädte. Noch heute macht der Heringsfang einen Großteil des Umsatzes vieler Fischer aus. Im Frühjahr, meist März bis Mai, und im September kommt er zum Laichen an die Küsten. Dann stehen die Petrijünger dicht an dicht am Wasser. Die Verwandtschaft im Atlantik ist zwar größer und fetter, aber der europäische magere Hering ist sehr schmackhaft und gesund. Der Ostseehering wird ca. 15-20 cm lang und kann bis zu 20 Jahre alt werden. Auf den Tisch kommt er z. B. frisch aus der Pfanne, eingelegt als* ***Brathering,*** *geräuchert als* ***Bückling*** *oder mariniert und sauer eingelegt - entweder als* ***Bismarckhering*** *(im Brötchen mit frischen Zwiebeln) oder als* ***Rollmops*** *(mit Gürkchen gerollt). Erstgenannter soll seinen Schöpfer in Stralsund haben.* ***Matjes*** *nennt man den Hering, wenn er in einer milden Salzlake eingelegt und dann mit Kräutern, Rotwein oder Gewürzen abgeschmeckt wird. Matjes wird nur, was noch nicht gelaicht hat. Hering verträgt sich in all seinen Varianten gut mit Bratkartoffeln auf dem Teller. Übrigens kommunizieren Heringe über Luftausstöße aus ihrem Analtrakt. Man könnte auch sagen, sie pupsen ihre Nachrichten - und das über drei Oktaven.*

Ebenfalls komische Geräusche macht der ***Dorsch.*** *Der sehr beliebte Speisefisch ist im Schnitt 60 cm lang, kann aber auch bis zu 1,50 m erreichen. Gut zu erkennen sind seine Flossen: drei auf dem Rücken, zwei am Bauch. Sobald der Dorsch in die Nordsee schwimmt, wechselt er seinen Namen. Dann nennt man ihn* ***Kabeljau.*** *Saison ist im Spätsommer und Herbst. Die Bestände des Dorschs gelten weltweit als gefährdet; strenge Fangquoten sollen die Population schützen. Mit seinem weißen, milden Fleisch ist er bei den Verbrauchern sehr beliebt. Dorsch schmeckt gebraten mit Senfsoße, gekocht mit Dillsoße oder als Backfisch. Seine Grunzgeräusche erzeugt er übrigens durch Muskelbewegungen der Schwimmblase.*

Die ***Scholle*** *verdankt ihren Namen der sehr dünnen aber ausladenden*

ne Segelboote, prächtige Jachten oder auch mal ein kleineres Kreuzfahrtschiff – Wismar eifert hier Warnemünde nach und hat schon einige Reedereien überzeugen können. Entlang der Kaikante werden von **kleinen Kuttern** aus **Fischbrötchen** und **Räucherfisch** angeboten. Viele Urlauber nehmen auch gleich noch etwas Räucherware für zu Hause mit. Besonders erwähnenswert ist sicher Gisela Schadwinkel, die nach der Wende 1989/1990 mit viel Mut und Geschick ihr eigenes Geschäft aufge-

Form. Sie liegt leicht eingegraben - nur die Augen schauen aus dem Sand - auf dem Meeresboden. Zu erkennen ist sie an den gelben oder roten Punkten auf der Oberseite.

*Die kleinere **Flunder** schmeckt, wie ihre größere Verwandte, gebraten zu Bratkartoffeln besonders gut: Sie ist leicht zu essen, hat wenig Gräten und einen kräftigen Geschmack. Die Flunder ist etwas grauer und ihre Punkte sind weniger ausgeprägt. Beide Fischarten werden sozusagen aufrecht geboren. Erst später wandern die Augen auf die rechte Seite und es entsteht die charakteristisch platte Form. Bei **Heilbutt, Steinbutt** u. a. liegen die Augen später auf der linken Seite.*

*Neben Heilbutt, Lachs oder Makrele findet man im Räucherofen auch die **Schillerlocke.** Dabei handelt es sich um die Bauchlappen des Dornhais. Die ca. 20 cm langen, grätenfreien Stücke drehen sich im heißen Räucherofen leicht ein. Diese charakteristische Form, an die blonde Lockenpracht des berühmten Dichters erinnernd, gab der Spezialität ihren Namen. Der Dornhai steht allerdings auf der Liste bedrohter Arten. Da er zudem sehr viel Methylquecksilber enthält, sollte man Schillerlocken nicht in Massen zu sich nehmen. Die Rückenmuskeln des Dornhais werden an der Fischtheke als **Seeaal** angeboten.*

*Im Mai und Juni kommt der **Hornhecht** auf der Durchreise an die Ostseeküste. Er ist sehr schlank mit nadelspitzem Maul, wird ca. 1 m lang und glänzt silbern. Man fängt ihn beim Brandungsangeln und mit Stellnetzen. Sein Fleisch ist fein und etwas trocken. Geräuchert macht er dem Aal Konkurrenz, ist aber viel magerer und auch preisgünstiger - daher wohl der Name **Arbeiteraal.** Auffallend sind die Gräten, die sich beim Kochen oder Räuchern grün verfärben. Das wird alle Fischanfänger freuen, da man sie leicht erkennen und heraussammeln kann.*

*Überwiegend nicht in der offenen See, sondern in den flachen Boddengewässern ist der **Zander,** ein Raubfisch, anzutreffen. Zu den Barschen gehörend, bevorzugt er Brackwasser, also ein Gemisch aus Salz- und Süßwasser. Der Zander wird mit seinem festen, fast grätenfreien Fleisch als Edelfisch gehandelt. Im Einzelhandel verkaufter, tiefgefrorener Zander stammt jedoch meist aus Aquakulturen in Kasachstan oder Russland.*

*Ebenfalls häufiger Gast in heimischen Fischernetzen sind **Ostseelachs, Meerforelle** und **Aal.***

*Bei dieser reichhaltigen Auswahl regionaler Fischspezialitäten findet sich für jeden Geschmack das Passende. Richtig frisch bekommt man Fisch morgens am **Alten Hafen** (45) **in Wismar** und am **Alten Strom** (26) **in Warnemünde,** wenn die kleinen Kutter vom Fang zurückkehren.*

baut hat, das heute unter dem Namen **Seeperle** (s. S. 120) firmiert. Auch sie betreibt einen der beliebten Räucherkutter namens **„Minna“** (Mo.–Do. 8–17.30, Fr.–So. 8–18 Uhr). Wer nicht weiß, ob er sich für Matjes, Makrele, Aal oder Backfisch entscheiden soll, dem hilft vielleicht die Kleine Fischkunde weiter (s. oben).

- **Ausdehnung:** zw. Alter Holzhafen, Am Hafen und Alter Hafen
- **Poeler Kogge „Wissemara“**, www.poeler-kogge.de, Tel. 304310

051ro Abb.: tm

46 Baumhaus ★ [III B1]

Wo heute das **Hafenamt** seinen Sitz hat, waren schon früher Hafenwächter tätig. In diesem Barockbau aus der Mitte des 18. Jh. arbeiteten Lotsen und die **„Bohmschlüter“** (niederdeutsch für „Baumschließer“): Sie konnten nachts und im Notfall die Hafeneinfahrt mithilfe einer Kette versperren. Sie waren aber auch für den **Schlagbaum** verantwortlich, woher letztlich der Name des Gebäudes stammt.

Vor dem Backsteinhaus fallen zwei bunt bemalte, übergroße Büsten auf. Diese sogenannten **Schwedenköpfe** markierten einst die Einfahrt zum Alten Hafen 45. Ab wann die „Alten Schweden“ die Schiffer begrüßten ist ebenso wenig geklärt wie die genaue Bedeutung und Herkunft. Die Darstellung bärtiger Männerköpfe mit Löwenohren und Fell um den Hals war wohl eine Mode des Barock. Möglicherweise rührt der Name von der Zeit her, als Wismar als einziger Hafen in der Gegend **schwedisches Hoheitsgebiet** (s. S. 105) war. Während die beiden aufgestellten Exemplare **Nachbildungen** sind, von denen weitere in der Stadt zu finden sind, hat sich nur ein originaler Schwedenkopf erhalten, der gegenwärtig im Museum der Stadtgeschichte im Schabbellhaus 48 untergebracht ist. Heute dient das Gebäude als **Galerie für wechselnde Ausstellungen.** Informationen zu aktuellen und geplanten Schauen gibt es bei der Tourist-Information (s. S. 120).

› Alter Hafen, nördliches Ende, www.wismar.de (Menüpunkt „Tourismus & Welterbe“/„Veranstaltungen“/„Was ist heute los“), je nach Ausstellung variable Öffnungszeiten, meist Eintritt frei

47 Nikolaikirche ★★★ [III C2]

Ein Meisterwerk spätmittelalterlicher Baukunst: Nördlich der Frischen Grube entstand ab 1381 die dreischiffige Pfarrkirche St. Nikolai. Von den großen gotischen Stadtkirchen Wismars ist sie die einzige vollständig erhaltene, also diejenige, die alle Wirren der Kriege und Konflikte unbeschadet überstanden hat.

Der **backsteingotische Bau** ersetzte den nördlich der Grube 42 stehenden Vorgänger. Die Meister Heinrich von Bremen und Hermann von Münster schufen im frühen 15. Jh. Chor und Langschiff. Gebaut wurde wie so oft nach dem Vorbild der Lübecker Marienkirche. Der größte Teil der Konstruktion war mit Fertigstellung des Turms 1508 vollendet.

Die Basilika mit dem schlanken Mittelschiff hat eine **beindruckende Höhenwirkung.** Das System der Stützpfeiler ist hier – eher untypisch – sichtbar geblieben: Schon von Weitem sieht man die mächtigen Strebebögen wie überdimensionale Griffe an der Kirche. Mit 37 m handelt es sich um eines der höchsten in Backstein gebauten Kirchenschiffe. Der während eines Sturms 1703 zusammengestürzte hohe Turmhelm wurde nicht wieder aufgebaut.

Auch das Innere musste nach dem Unglück neu gestaltet werden und präsentiert sich heute größtenteils im **Barockstil.** Einige Malereien und Altäre aus dem Mittelalter sind allerdings erhalten geblieben, so z. B. die riesigen **Fresken** mit Darstellungen des hl. Christopherus und der Wurzel Jesse sowie der Schifferaltar. **Kanzel** und **Hauptaltar** stammen hingegen aus der Barockzeit und wurden nach dem Turmunglück eingebaut. Die **Orgel** ist jüngeren Datums (1845) und kommt aus Freiberg; sie wurde 1985 eingebaut. Der Renaissance-Prospekt, also das Äußere der Orgel, stammt aber aus St. Nikolai selbst.

Viele **Kunstwerke aus anderen Kirchen** wurden hier nach 1945 untergebracht. Zu den herausragenden hier untergestellten Stücken zählt das Retabel des Hochaltars der Georgenkirche 39 – ausgeklappt mit nahezu 10 m Breite eines der größten im Ostseeraum –, die Triumphkreuzgruppe aus dem Dominikanerkloster und das bronzene Taufbecken aus der Marienkirche 37. Die **Blendrose** am Giebel, ein Sonnenrad-Mosaik, ist weithin sichtbar und ein beliebtes Fotomotiv.

St. Nikolai wird heute gemeinsam mit der Heiligen-Geist-Kirche 40 aktiv von der Kirchengemeinde für Gottesdienste und **Veranstaltungen** genutzt. Für Abwechslung sorgen moderne **Kunstprojekte** im Kirchenraum, eine Kinderkirche und ein **Café.** Interessierte Besucher können sich **Gewölbeführungen** anschließen.

Der **hl. Nikolaus** ist übrigens Schutzheiliger der Kaufleute und Handwerker und passt somit ausgezeichnet in das Viertel am Hafen, wo bevorzugt die mit Seehandel be-

072ro Abb.: tm

◁ Vom Baumhaus wurde die Einfahrt zum Alten Hafen 45 überwacht

▷ Der Giebel der Nikolaikirche 47 beeindruckt mit Detailreichtum

schäftigten Bürger lebten. Gut zu erkennen ist das heute noch an einigen Hauswänden, wo sich alte Gewerbebezeichnungen und Firmennamen erhalten haben.

› Frische Grube/Ecke Hinter dem Chor, www.kirchen-in-wismar.de (Menüpunkt „Unsere Kirchen"), Mai–Sept. tgl. 8–20, Sa. häufig bis 22 Uhr, Apr./Okt. tgl. 10–16, Nov.–März tgl. 11–16 Uhr, So. während der Gottesdienste (ca. 10–11 Uhr) keine Besichtigung möglich, Eintritt frei (Spende von 2 € erbeten). Kirchen- u. Gewölbeführungen nach Anmeldung unter Tel. 213624.

48 Schabbellhaus (Stadtgeschichtliches Museum) ★★★ [III C2]

Das einstige Wohn- und Brauhaus und heutige Museum im Stil der holländischen Backsteinrenaissance ist ein Blickfang in der Altstadt und eines der Wahrzeichen Wismars.

Geht man von der Nikolaikirche 47 Richtung Markt 31, so quert man südöstlich die Frische Grube über die kleine **Schweinsbrücke.** An dieser Stelle wurde einst tatsächlich das Vieh aus der Stadt bzw. zum Markt getrieben. Daran erinnern heute die hübschen Schweinchen als Glücksbringer auf den Brückenpfeilern. Stadtauswärts führt die Straße Richtung Insel Poel.

Der 1569–71 nach niederländischem Vorbild entstandene Renaissancebau in der Straße Schweinsbrücke wurde von Philipp Brandin geplant, der sein Können später mit der Wasserkunst 33 bestätigte. Den Auftrag zu dem prächtigen Gebäude erhielt er vom Wismarer Ratsherrn, Bürgermeister und Brauer **Hinrich Schabbell.** Schabbell wünschte die Ausrichtung zur Insel Poel, also aus der Stadt heraus. Daher sieht man an der Seite zur Hauptstraße die Traufe und nicht wie üblich den Giebel. Das Gebäude verfügte über Speicherböden, repräsentative Räume und diente auch als Wohnhaus. Einmalig für Wismar ist die **Kombination von Backsteinen mit Sandsteinelementen** nach holländischem Vorbild.

Das Schabbellhaus beherbergt das **Stadtgeschichtliche Museum** mit einem reichen Bestand. Die Sammlung umfasst Gemälde, Grafiken, Bronzen, Porzellan und weitere Stücke aus der Hanse- und Schwedenzeit sowie Nachlässe von Künstlern wie Sella Hasse, Carl Canow und der Familien Möglin und Briesemann. Seit 1983 befindet sich hier auch die einzigartige medizin- und pharmaziehistorische Sammlung Wismars. Eine mehrjährige, **umfassende Sanierung** des Gebäudes wurde Ende 2017 abgeschlossen. Seitdem lädt das Museum wieder Besucher in seine Räume ein. Ein Teil des Bestandes ist auch in der Ausstellung „Wege zur Backsteingotik" in der Marienkirche 37 und in der Sammlung „Wismar – Bilder einer Stadt" im Rathaus 32 zu sehen.

› Schweinsbrücke 8, www.schabbellhaus.de, Tel. 2243110

49 Krämerstraße mit Karstadt-Stammhaus ★★ [III C3]

Eine der ältesten Straßen Wismars stellt die Verbindung zwischen der Lübschen Straße und der Gerberstraße dar. Mit der Gründung der Stadt siedelten sich hier Krämer und Kaufleute an – so kam die Straße zu ihrem Namen. Die **kleine Fußgängerzone** verfügt über zahlreiche erhaltene Fassaden aus verschiedenen Jahr-

Kleine Läden und Cafés, restaurierte Fassaden: die Krämerstraße

hunderten und kleine, privat geführte Geschäfte, wie z. B. **Conditorei und Café Senf** (s. S. 119) oder die Buchhandlung **Peplau** (s. S. 117). Als Verlängerung der Krämerstraße führt die **Bohrstraße** in das Hafenviertel an der Grube 42.

An der Ecke Lübsche Straße/Krämerstraße eröffnete **Rudolph Karstadt** (1856–1944) am 14. Mai 1881 mit nur einem Angestellten sein **„Manufactur-, Confections- und Tuchgeschäft“**. Aus diesem kleinen Haus sollte einmal eine der führenden Kaufhausketten Deutschlands werden. Bereits Anfang der 1920er-Jahre wurde die Karstadt Aktiengesellschaft gegründet; zu dieser Zeit trugen 30 Geschäfte in ganz Deutschland den Namen Karstadts. Das revolutionäre Konzept des Wareneinkaufs unter Umgehung von Zwischenhändlern und die Einführung von Festpreisen – Feilschen war bis dahin noch üblich – sorgten für rasant steigende Gewinne. Die Weltwirtschaftskrise Anfang der 1930er-Jahre machte auch vor Wismar nicht Halt und so musste sich Karstadt hochverschuldet von seinem Unternehmen trennen. Der Mecklenburger aus Grevesmühlen verbrachte seinen Lebensabend in Schwerin.

Der Kaufhausneubau aus dem Jahr 1907/08 wurde in der damals hochmodernen **Stahlskelettbauweise** errichtet. Als Stammhaus der Karstadt AG ist das kleine Kaufhaus schon einige Male der Rationalisierung entkommen und die Wismarer Bürger hoffen, dass der Standort auch in Zukunft erhalten bleibt. Als klassisches Warenhaus bietet es alles, was man im Urlaub vielleicht noch besorgen muss. Zusätzlich sind auch **regionale Produkte und Souvenirs** im Angebot. Im Haus befindet sich eine **kleine Rudolph-Karstadt-Ausstellung.**

› **Karstadt-Stammhaus,** Rudolph-Karstadt-Pl. 1, Krämerstr./Ecke Lübsche Str., www.karstadt.de, Tel. 2300, Mo.–Sa. 9.30–19 Uhr

053ro Abb.: tm

Praktische Reisetipps Wismar

An- und Weiterreise

Mit Bus und Bahn

Vom **Bahnhof**, der nordöstlich der Innenstadt liegt, sind es zu Fuß ca. 15 Min. in die Stadt. Der **ZOB** (Zentrale Omnibusbahnhof) liegt ca. 100 m vom Bahnhof entfernt Richtung Hafen.

- ●117 [III C2] **Bahnhof Wismar,** Bahnhofstr. 1–11, Tel. 0381 2401055 (3-S Service-Zentrale)

Mit dem Auto

Die Anfahrt nach Wismar ist von der **A 20** (Abfahrt Wismar-Mitte oder Kreuz Wismar) und der **B 105** (aus Richtung Rostock oder Lübeck) sowie über die **B 106** und die **A 14** (aus Richtung Schwerin) über gut ausgebaute Einfallstraßen möglich.

Mit dem Flugzeug

Der am nächsten gelegene Flughafen befindet sich in **Rostock-Laage** (s. S. 60).

Von Wismar nach Rostock

Nähere Angaben finden sich im Abschnitt zu Rostock (s. S. 60).

054ro Abb.: tm

Autofahren

Die **Straßen in der Altstadt** haben teils Kopfsteinpflaster und sind eng, zumal häufig Autos an den Rändern parken. Man kann die Altstadt jedoch bequem auf einem **Ring** umfahren. Eine **Umweltzone** ist in Wismar derzeit nicht geplant. Obwohl **Parkplätze** entlang der Straße in der Altstadt vorhanden sind, empfiehlt es sich, am Zentrumsrand zu parken, um langes Suchen zu vermeiden. Folgende Parkplätze seien empfohlen:

- P118 [III D4] **Parkplatz Altstadtring,** Dr.-Leber-Str., 4 €/Tag, 01.11.–14.03. 1 €/Tag, 19–9 Uhr frei
- P119 [III B2] **Parkplatz am Hafen,** Schiffbauerdamm/Ecke Am Hafen, 4 €/Tag, 01.11.–14.03. 1 €/Tag, 19–9 Uhr frei, kostenloser Parkplatz ca. 100 m weiter im Schiffbauerdamm vorhanden

Direkt in der Altstadt parkt man am besten am Markt 31 oder neben der Marienkirche 37 – dort allerdings gebührenpflichtig und zeitbegrenzt. Da es in der Altstadt viele **Einbahnstraßen** gibt, kann eine Parkplatzsuche leicht zur Nervenprobe werden. Von allen hier genannten Parkplätzen erreicht man die Sehenswürdigkeiten Wismars einfach und schnell zu Fuß.

Barrierefreies Reisen

Wismars Altstadt ist für Besucher mit eingeschränkter Mobilität schon **eine Herausforderung.** Die Stadt arbeitet zwar fortwährend an der Barrierefrei-

Rund eine Autostunde trennt die beiden Hansestädte Wismar und Rostock voneinander

heit der Hauptwege, aber aktuell sind noch einige Kopfsteinpflasterflächen, unebene Bürgersteige und hohe Kanten vorhanden. Das kann besonders für Rollstuhlfahrer und Sehbehinderte ohne Begleitung schwierig zu bewältigen sein, ist aber dem Versuch geschuldet, die Altstadt möglichst im historischen Zustand zu bewahren. Die **Hauptwege** rund um den Markt 31, die Lübsche Straße [III A–C3] und das gotische Quartier mit der Marien- 37 und der Georgenkirche 39 sind für Rollstuhlfahrer geeignet. Eine **barrierefreie Toilette** befindet sich z.B. **im Rathaus** 32 (Ostseite).

Barrierefreie Parkplätze stehen in begrenztem Umfang in der Altstadt (am Markt und neben der Marienkirche) und in größerer Zahl auf dem Großparkplatz am Zeughaus 41 /Ulmenstraße zur Verfügung.

Die meisten **Stadtbusse** sind mittlerweile auf **Niederflurtechnik** umgestellt, jedoch kann eine Zugänglichkeit für Rollstuhlfahrer nicht auf allen Linien und an allen Haltestellen gewährleistet werden. Die **Kirchen** arbeiten meist mit **Rampen** am Eingang. Die Ausstellung der Marienkirche 37 und die Aussichtsplattform von St. Georgen 39 sind barrierefrei zugänglich. Es gibt einige **Hotels**, die neben behindertengerechten Zimmern auch eine weitestgehende Barrierefreiheit gewährleisten; dazu gehören in Wismar das Hotel Seeblick (s.S. 127) und die Jugendherberge (s.S. 128). Die **Restaurants** in den historischen Gebäuden im Zentrum können leider nicht immer mit einem barrierefreien Zugang dienen. Das Museum **phanTECHNIKUM** (s.S. 122) und das **Welt-Erbe-Haus** (s.S. 122) bieten moderne Bedingungen und viel Hilfestellung für Besucher mit Behinderung.

Einen **Stadtplan** zum barrierefreien Wismar („Cityplan für Rollstuhlfahrer") findet man unter www.hansestadt-wismar.info. Er steht zum Download zur Verfügung. Weitere Infos: www.wismar.de/Tourismus-Welterbe/Wismar-barrierefrei.

Einkaufen

Wismar ist um einiges kleiner als Rostock; daher fahren viele Wismaraner für den großen Einkaufsbummel gern dorthin oder aber nach Lübeck und Hamburg. Für Besucher, die im Urlaub nicht nach der neuesten Mode oder Technik suchen, bietet die Wismarer Altstadt **charmante und ausgefallene kleine Geschäfte.** Souvenirs, Kunsthandwerk und Delikatessen werden an vielen Stellen angeboten. Ein Blick lohnt besonders in die Buchgeschäfte, da viele interessante Publikationen zu Wismar nicht deutschlandweit zu haben sind, sondern nur vor Ort verkauft werden.

Die meisten Geschäfte sind in den Straßen **rund um den Markt** 31 zu finden, z.B. in der **Lübschen Straße** [III A–C3] und der **Krämerstraße** 49.

Einen **Wochenmarkt** gibt es jeden Di., Do. (8–17 Uhr) und Sa. (8–13 Uhr) auf dem Markt vor dem Rathaus 32 – hier werden frische Produkte, Kurzwaren und herzhafte Snacks angeboten.

Die Kaufhauskette Karstadt hat in Wismar einmal klein angefangen – hier steht bis heute das **Karstadt-Stammhaus** 49. Ein Besuch lohnt sich: Neben dem üblichen Warenhausangebot werden hier auch regionale Produkte und Souvenirs feilgeboten; außerdem informiert eine kleine Rudolph-Karstadt-Ausstellung über die Lebensgeschichte des Kaufhausgründers.

EXTRATIPP

Rücker – kräftiger Käse aus Wismar

Die Deutschen lieben Käse und gelten als einer der größten Verbraucher weltweit. Die Molkerei Rücker hat daran einen nicht unerheblichen Anteil, denn sie gehört zu den zehn größten Molkereien in Deutschland. Der **traditionsreiche Familienbetrieb** mit Hauptsitz in Aurich ist seit 1890 aktiv. In Wismar werden Schnittkäse und naturgereifte Spezialitäten mit regional verbundenen Namen hergestellt: Der **Alte Schwede** und der **Alt-Mecklenburger** sind würzig und bisweilen auch kräftig im Geruch. Im Fabrikverkauf im hauseigenen Käseladen lassen sich alle Produkte probieren und günstig erstehen. Auch die meisten Supermärkte im Land führen die Wismarer Käsespezialitäten.

126 **Käseladen Rücker,** Rostocker Str. 2 a–c, www.molkerei-rücker.de, Tel. 2256945, Di./Do. 9–12 u. 14–18, Fr. 9–18, Sa. 9–12 Uhr

Kulinarisches

120 [III C3] **arko,** Am Markt 30, www.arko.de, Tel. 2287329, Mo.–Fr. 9–18, Sa. 9–14 Uhr. Der norddeutsche Kaffeespezialist betreibt seine Filialen bereits seit 1948. Heute findet man in den Geschäften auch ein großes Angebot an Schokolade, Gebäck und sogar Wein. Hier lassen sich süße Mitbringsel mit regionalen Motiven erstehen.

121 [III C3] **cafeshop especial,** Sargmacherstr. 1, www.cafeshop-especial.de, Tel. 252000, Mo.–Fr. 9–18, Sa. 9–15 Uhr. Ladenrösterei mit Gourmetkaffees aus aller Welt und einer Auswahl an Schokolade, Kaffeezubehör und Geschenkartikeln.

122 [III C4] **Hanse Sektkellerei,** Turnerweg 4, www.hanse-sektkellerei.de, Tel. 48480, Mo.–Sa. 10–16 Uhr, Jan./Feb. evtl. Sa. geschl./verkürzt geöffnet. Wismar war im Mittelalter nicht nur Bierhersteller und -exporteur, sondern auch ein wichtiger Hafen im Weinhandel. So überrascht es nicht, dass hier die nördlichste Sektkellerei Deutschlands zu Hause ist. Im Alten Gewölbe werden die Spezialitäten nach dem Verfahren der Flaschengärung hergestellt. Obwohl das Gebäude modern wirkt, erlebt man noch die Atmosphäre des 17. Jh. Es werden Führungen und Verkostungen angeboten. Die exklusiven Sektsorten der Wismar-Edition oder der Hanse-Selection mit attraktiver Flaschengestaltung kann man direkt vor Ort kaufen; in den Einzelhandel gelangen diese leider nicht. Auch Präsente und edle Geschenkverpackungen sind erhältlich.

123 [III A2] **Wismar Fisch-Feinkost,** Alter Holzhafen 33, www.wismarfisch.de, Tel. 282564, Fabrikverkauf Mo.–Mi. 8.30–15, Do./Fr. 8.30–16, Sa. 9–12 Uhr, Räucherei Mo.–Mi. bis 16, Do./Fr. bis 17, Sa. bis 14 Uhr. Fischliebhaber finden hier ihr Mekka. Beim Fabrikverkauf und in der Räucherei lassen sich Hering, Krabbe und Co. in einer Vielzahl von Marinaden und Zubereitungsvarianten erstehen.

Kunsthandwerk und Souvenirs

124 [III C2] **Brausekontor,** Schweinsbrücke 2a, Tel. 0174 9491010, Mo.–Fr. 11–18, Sa. 11.30–16 Uhr. Ein Geschäft für Nostalgiker und Sammler oder einfach nur für eine kleine Erfrischung. Hier gibt es neben leckeren Brausen, z. B. aus der mecklenburgischen Vielanker Brauerei, viele kleine, nützliche und schöne Dinge. Lebensmittelladen trifft Trödler sozusagen.

125 [III C3] **Fischer Bernstein,** Hinter dem Rathaus 4, www.bernsteinfischer.de, Tel. 283508, Mo.–Fr. 9–18, Sa. 10–16 Uhr. Gut sortiertes Geschäft für Bernstein- sowie Gold- und Silberschmuck und ausgewähltes Kunsthandwerk mit 100 Jah-

ren Tradition. Angeboten werden auch Schmuckarbeiten nach Kundenwunsch sowie die Bearbeitung und Herrichtung eigener Bernsteinfunde.

127 [III C4] **Juwelier Kross,** Dankwartstr. 20, www.kross-wismar.de, Tel. 259061, Mo.-Fr. 10-13 u. 14.30-18, Sa. 10-13 Uhr. Schmuckdesignerin Jutta Kross bietet in ihrem Geschäft in der Wismarer Altstadt handgefertigten Schmuck und Meister-Uhren. Besonders bekannt sind ihre Ringe mit Wismar-Motiven und kleine Anhänger in Form der Wismarer Sehenswürdigkeiten.

Bücher

128 [III C3] **Antiquariat Schusterjunge,** ABC-Str. 4, www.antiquariat-schusterjunge.de, Tel. 249546, Di.-Fr. 9.30-16 Uhr. Kleines Antiquariat in der Altstadt mit guter Auswahl, Kramtisch und einer engagierten Inhaberin. Ein idealer Platz zum Stöbern, besonders auch im Hinblick auf DDR-Literatur.

129 [III C3] **Bücherwelten Wismar,** Sargmacherstr. 4, www.buecherwelten-wismar.de, Tel. 2232320, Mo.-Fr. 10-18, Sa. 10-14 Uhr. Kleine Buchhandlung mit umfangreichem Angebot an Romanen, Kinderbüchern und regionaler Literatur. Kalender und Ansichtskarten gehören ebenso zum Sortiment. Gelegentlich finden Lesungen statt.

130 [III C3] **Buchhandlung Inge Peplau,** Krämerstr. 23, www.peplau.de, Tel. 283634, Mo.-Fr. 9-18.30, Sa. 9-16 Uhr. Alteingesessene regionale Buchhandlung mit breitem Sortiment und einer umfangreichen Auswahl an Literatur über und aus Wismar.

Shoppingareale

Die wichtigsten Shoppingbereiche der Stadt sind im Kartenmaterial mit einer rötlichen Fläche markiert.

Wismar preiswert

- *In den **großen Kathedralen der Stadt,** der Nikolaikirche* **47**, *der Georgenkirche* **39** *und der Heiligen-Geist-Kirche* **40**, *wird bei Besichtigung eine **kleine Spende** erbeten, aber **kein Eintritt** erhoben. In der Marienkirche* **37** *hält man es ähnlich: So können Besucher die Ausstellung zum Bau der Kirche und auch die Freiluftausstellung kostenfrei entdecken. Wer den 3-D-Film mit Bruno Backstein sehen möchte, zahlt einen Obolus von 3 €.*
- *Die **Ausstellung „Wismar – Bilder einer Stadt" im Rathaus*** **32** *ist ebenfalls **gratis. Spenden** sind erwünscht und können – je nach Geldbeutel – bescheiden oder reichlich ausfallen.*

Mode, Kindermode und Spielzeug

131 [III C3] **Kinder-Kledage,** Altböterstr. 10, Tel. 303234, Mo.-Fr. 10-18, Sa. 10-14 Uhr. Kindermode in der Altstadt mit reichlicher Auswahl. Der klitzekleine Laden führt die gängigen Marken, aber auch Ausgefallenes.

132 [III C3] **myfreja,** Lübsche Str. 11, www.myfreja.de, Tel. 2233574, Mo.-Fr. 9.30-19, Sa. 9.30-13 Uhr. Boutique für skandinavische Mode und Accessoires. Originelle und stilvolle Kleidung für Frauen und Männer.

133 [III C3] **Spielkiste,** Altwismarstr. 26, Tel. 227460, Mo.-Fr. 10-18, Sa. 10-15 Uhr. Spielzeuggeschäft mit großem Sortiment von Holzspielzeug, Lego, Bastelsachen und Gesellschaftsspielen. Auch ostdeutsche Klassiker wie Sandmann, Pittiplatsch und Co. sind hier zu haben.

134 [III C3] **STYLE-Ist,** Sargmacherstr. 1, Tel. 2273443, Mo.–Fr. 10–18, Sa. 10–16 Uhr. Kleine Boutique mit ausgefallenen und trendigen Marken für beide Geschlechter. Es wird auch fair gehandelte und nachhaltig produzierte Mode angeboten.

Hervorhebenswerte Lokale

In der kompakten Altstadt Wismars hat man eine **reichliche Auswahl** an Restaurants und Cafés für jeden Geschmack. Viele Lokale befinden sich rund um **Am Lohberg** 43 und **Grube** 42 sowie am **Markt** 31 und dessen **Nebenstraßen.** Wer nicht reserviert hat und sein Restaurant der ersten Wahl voll besetzt vorfindet, braucht nur wenige Meter weiter zu gehen und findet mit Sicherheit eine gute Alternative. Tagsüber werden häufig **günstige Mittagsgerichte** angeboten.

Die **Spezialitäten** sind – ähnlich wie in Rostock – Fisch in allen Variationen und deftige Mecklenburger Fleischgerichte (s. Rostock kulinarisch, S. 66). Wer gern ein hausgebrautes Bier zum Essen mag, kommt genauso auf seine Kosten wie der anspruchsvolle Genießer, der Wert auf Bioprodukte und Nachhaltigkeit legt.

Restaurantkategorien

€	bis 10 €
€€	10–15 €
€€€	15–22 €

Preise jeweils für ein Hauptgericht am Abend ohne Getränke.

Restaurants

35 [III C3] **Alter Schwede** €€. Das gehobene Restaurant im aufwendig restaurierten Bürgerhaus ist auf Speisen aus Skandinavien und Mecklenburg spezialisiert.

135 [III B2] **american bar & restaurant** €€, im Hotel New Orleans, Runde Grube, www.hotel-new-orleans.de, Tel. 26680, tgl. 12–24 Uhr. Hotel und Restaurant liegen an der idyllischen Grube nahe dem Hafen. Die Küche ist von den Südstaaten der USA inspiriert und bietet neben Burgern und kreolischen Meeresfrüchtespeisen auch gute Steaks. In der Woche gibt es einen günstigen Business Lunch und zum Frühstücksbuffet sind auch Nicht-Hotelgäste willkommen.

136 [III B2] **Brauhaus am Lohberg** €, Kleine Hohe Str. 15, http://brauhaus-wismar.de, Tel. 250238 u. 202008, tgl. 11 Uhr bis open end, WLAN. Traditionsreiche Gasthausbrauerei, die bereits seit 1452 existiert. Die hausgemachten Biere und Brände basieren auf überlieferten Rezepten aus der Hansezeit. Die Atmosphäre in dem historischen Gebäude ist ungezwungen und urig. Serviert wird bodenständige mecklenburgische Hausmannskost.

137 [III C3] **Kaminstube** €€€, Bademutterstr. 19, www.kaminstube-wismar.de, Tel. 3288340, Mo.–Sa. ab 17.30 Uhr. Kleines Lokal mit kreativen Gerichten aus regionalen und hochwertigen Produkten der Saison. Für Kenner und Genießer. Zentral gelegen zwischen Markt und Hafen. Reservierung empfohlen.

› **Oberdeck,** in der Seeperle (s. S. 120), www.oberdeck-wismar.de, geöffnet. Di.–So. ab 17 Uhr. Im zur Seeperle gehörenden Restaurant gibt es Feinschmecker-Gastronomie inklusive Panoramasicht auf den Alten Hafen. Die Küche variiert Fischspezialitäten aus der Region und aus Skandinavien.

138 [III C3] **Restaurant & Hotel Wismar** €€, Breite Str. 10, www.hotel-restaurant-wismar.de, Tel. 227340, Mo.–Sa. 11.30–22, So. 11.30–14 Uhr. Zwischen Altstadt und Altem Hafen gelegenes Lokal mit umfangreicher saisona-

ler Fischkarte – es kommen z. B. Hering, Scholle, Dorsch oder Hornfisch auf den Teller.

34 [III C3] **Reuterhaus** €€. Hier labt man sich an typisch mecklenburgischen Fleischgerichten und frischem Fisch aus der Region. Von den Außenplätzen genießt man eine herrliche Sicht auf den Markt.

139 [III B2] **To'n Zägenkrog** €€, Ziegenmarkt 10, www.ziegenkrug-wismar.de, Tel. 282716, tgl. 11 Uhr–open end. Beliebtes Traditionslokal, das seit 1897 an der Frischen Grube besteht. Kredenzt werden nordische Fischspezialitäten, etwa Dorsch mit Kartoffelkruste, aber auch heimische Fleischgerichte. Die Plätze sind rar; es empfiehlt sich also zu reservieren.

Cafés, Imbisse und Bistros

140 [III C3] **alte löwenapotheke,** Bademutterstr. 2, www.alte-loewenapotheke.de, Tel. 4709930, Di.–Sa. 9–18 Uhr. Ein Café im historischen Ambiente der alten Apotheke in Wismar. Kuchen und kleine Speisen werden frisch zubereitet. Im Café lassen sich zudem ausgesuchte Kaffee- und Teesorten sowie Trinkschokoladen erwerben. Wein ist ebenfalls im Angebot.

141 [III C2] **avocados** €, Hinter dem Chor 1, Tel. 303333, Mo.–Fr. 11–15 Uhr. Kleines Bistro mit unkomplizierter Atmosphäre, das sich auch ideal für eine Kaffeepause eignet. Serviert wird vegetarische Kost, zubereitet aus frischen Zutaten vom Biobauern. Mit Blick auf die Nikolaikirche.

Gastro- und Nightlife-Areale

Bläulich hervorgehobene Bereiche in den Karten kennzeichnen Gebiete mit einem dichten Angebot an Restaurants, Bars, Klubs, Discos etc.

055ro Abb.: tm

142 [III C3] **Café 28**, Am Markt 28, www.cafe28-pension.de, Tel. 3347722, tgl. 10–18 Uhr, WLAN. Zentral gelegenes Café im Kaffeehaus-Stil mit Angeboten von Frühstück bis Torte und kleinen Gerichten. Raucherlounge vorhanden.

143 [III C2] **Café Glücklich,** Schweinsbrücke 7, Tel. 7969377, tgl. 9–18, Mai–Okt. bis 19 Uhr. Ein Geheimtipp in der Wismarer Altstadt nahe der Nikolaikirche. Kuchen, Torten und andere süße Leckereien sowie liebevoll angerichtete Frühstücksvarianten sind die Spezialität des kleinen Cafés. Gute Angebote auch für Veganer. Das Café wurde in der Zeitschrift „Der Feinschmecker" empfohlen.

144 [III C3] **Conditorei und Cafe Senf** €, Krämerstr. 19, www.konditorei-senf.de, Tel. 4736778, Mo.–Sa. 7–18, So. 8–18, Feiertage 12–18 Uhr. Der Familienbetrieb von Konditormeister Gerd-Uwe Senf hat neben klassischem Backwerk auch festliche Sahnetorten und hausge-

In den Gassen der Altstadt findet man so manches gemütliche Café

EXTRATIPPS

Lecker vegetarisch

- **avocados** (s. S. 119)
- **Coney 1871 – Hot Dogs & Coffee** (s. unten). Vegetarier können alle Hotdogs auch mit Tofuwürstchen bestellen.
- **SuppenGrün** (s. rechts)
- **alte löwenapotheke** (s. S. 119)

Lokale mit guter Aussicht

- **Alter Schwede** 35. Mit Blick auf den Markt 31 und die historischen Gebäude ringsum.
- **Seeperle – Kombüse** (s. rechts) und **Oberdeck** (s. S. 118). Ideale Sicht auf den Alten Hafen 45.
- **To'n Zägenkrog** (s. S. 119). Speisen mit Ausblick auf die Grube 42 und Wismars Altstadt.

Raucher willkommen

Zur allgemeinen Rauchersituation: s. Rostock-Kapitel, S. 70.

- **Café 28** (s. S. 119). Nettes Café am Rathaus mit Raucherlounge auf der Marktseite.
- **Mensakeller** (s. S. 126). Großer Raucherbereich für Club-Besucher vorhanden.

machtes Eis im Angebot. Im Café können zudem Frühstück und kleine Gerichte bestellt werden. Die Konditorei wurde vom Magazin „Der Feinschmecker" einst zum Landessieger gekürt.

145 [III C3] **Coney 1871 – Hot Dogs & Coffee** €, Breite Str. 2, www.coney1871.de, Tel. 4706106, Mo.–Sa. 12–18 Uhr. Kultiger Hotdog-Laden mit ausgefallenen Varianten des Würstchens im Brötchen. Für den kleinen Hunger gibt es ebenso etwas wie für die Nimmersatten mit sechs Würstchen. Ein besonderer Tipp ist der Vital Dog mit Mehrkornbrötchen, Möhren und Rucola.

146 [III B2] **Seeperle – Kombüse** €, Schiffbauerdamm 3, www.seeperle-wismar.de, Tel. 3266810, tgl. 8–19, Fr./Sa. bis 19.30 Uhr. Direkt im Alten Hafen gibt es frischen Fisch in allen Variationen und zu jeder Tageszeit: zum Frühstück Rührei mit Räucherlachs, zum Mittag frische Pfannengerichte und zwischendurch ein leckeres Fischbrötchen. Am Abend empfiehlt sich ein Besuch im zugehörigen Restaurant Oberdeck (s. S. 118).

147 [III C4] **SuppenGrün** €, Dankwartstr. 11, www.suppengruen-wismar.de, Tel. 2430128, Mo.–Fr. 10–16 Uhr. Täglich wechselnde Suppen, Salate und Nachspeisen werden in modernem Ambiente nur wenige Schritte vom Markt angeboten. Vegetarier und Veganer willkommen!

148 [III C4] **Werners Eiscafé**, Mecklenburgstr. 1a, www.wernerseiscafe.de, Tel. 2461260, Mo.–Fr. 10–19, Sa. 11–19, So./Feiertage 12–19 Uhr. Auch bei Einheimischen sehr beliebte kleine Eisdiele um die Ecke vom Marktplatz. Neben den klassischen Sorten gibt es auch vegane und glutenfreie Varianten. Ein kleines Imbisssortiment ist ebenfalls vorhanden. Tipp: Einfach mal Gurke-Ingwer-Eis probieren.

Informationsstellen

Infostellen in der Stadt

149 [III B3] **Tourist-Information Wismar,** im Welt-Erbe-Haus, Lübsche Str. 23a, www.wismar.de (Menüpunkt Tourismus & Welterbe), Tel. 03841 19433, Apr.–Sept. tgl. 9–17, Okt.–März tgl. 10–16 Uhr. Die zentrale Informationsstelle der Stadt mit Zimmervermittlung, Souvenirshop, Stadttouren u.a. ist eingebunden in das **Welt-Erbe-Haus** (s. S. 122, Zugang zur Ausstellung). Stadtrundfahrten starten jedoch am Markt und nicht vor der Tourist-Info, da sich diese in einem verkehrsberuhigten Bereich befindet.

Wismar im Internet

- **www.wismar.de:** Hier findet sich die offizielle Internetpräsenz der Stadt mit umfangreichen Informationen für Bürger und Touristen. u. a. mit Veranstaltungs- und Ausflugstipps, Buchungsportal für Unterkünfte und Auskünften zu Stadttouren.
- **www.wismarer.de:** Private Website mit touristischen Infos. Es gibt viele Artikel zu Sehenswürdigkeiten, Stadtgeschichte und Wirtschaft, aber auch kommerzielle Inhalte mit Empfehlungen verschiedener Dienstleister.
- **www.wismar-stralsund.de:** Präsentation der beiden UNESCO-Welterbe-Städte mit weiterführenden Informationen zu Wismars Geschichte, Kultur und Architektur
- **www.kirchen-in-wismar.de:** Alle Kirchen der Stadt werden auf diesem Onlineauftritt näher vorgestellt, außerdem Besichtigungsangebote und aktuelle Veranstaltungen veröffentlicht.

Publikationen und Medien

Auch hier liest man die beiden großen regionalen **Tageszeitungen Ostsee-Zeitung** (www.ostsee-zeitung.de) und **Norddeutsche Neueste Nachrichten** (www.nnn.de) mit ihrem Lokalteil zu Wismar. Broschüren, **Veranstaltungskalender** u.a. gibt es in der Tourist-Information sowie in Museen und teils auch in Kirchen zum Mitnehmen.

Internet und Internetcafés

In Wismars Innenstadt gibt es heute leider **keine Internetcafés** mehr. Die meisten **Hotels** bieten ihren Gästen kostenfreies **WLAN** entweder auf dem Zimmer oder im öffentlichen Bereich. Leider haben in Wismar weiterhin nur **wenige Cafés** einen **WLAN-Hotspot** für Besucher eingerichtet.

Unsere Literaturtipps

- *Bawar, André.* ***Abgetakelt,*** *emons, 2012. Der vierte Küstenkrimi mit dem schrägen Ermittler Ole Hansen spielt wieder in und um Wismar. Gemordet wird in Krimis immer und überall, aber diese Bücher warten zusätzlich mit einem herrlich ironischen Ton und ausgefallenen Handlungssträngen auf. Die Kriminalfälle eins bis drei sind ebenfalls überaus lesenswert.*
- *Grundner, Thomas; Kiesow, Gottfried.* ***Backsteingotik in Mecklenburg-Vorpommern,*** *Hinstorff, 3. Aufl. 2013. Das reich bebilderte Buch gibt einen Einblick in diesen Baustil, der die Küstenregion entscheidend geprägt hat und ist ein gutes Rüstzeug für die Besichtigung der beiden Städte Wismar und Rostock. Der 2011 verstorbene Kiesow war Begründer der Deutschen Stiftung Denkmalschutz.*
- *Schmidt, Detlef.* ***Bomben auf Wismar,*** *Koch & Raum, 2013. Eine Erinnerung an die Bombennächte am Ende des Zweiten Weltkriegs mit Zeitzeugenberichten und bisher unveröffentlichten Fotografien liefert der Heimatforscher Schmidt aus Wismar.*
- *Schmidt, Detlef.* ***Kleines Kompendium Wismarer Straßennamen,*** *Koch & Raum, 2013. Hier hat der Wismarer Heimatforscher eine kleine Fibel der kuriosen Straßennamen zusammengestellt, u. a. werden ABC-Straße, Tittentasterstraße und Negenchören erläutert. Ein unterhaltsamer Begleiter für die Stadtentdeckung.*

Auf dem Marktplatz 31, im Bürger ServiceCenter am Markt (Stadthaus, [III C3]) und in der Stadtbibliothek 41 wird kostenloses WLAN (Betreiber-Hotspots) angeboten. Auch über den Anbieter Telekom (www.hotspot.de) ist an vielen Stellen in der Altstadt das kostenlose, meist zeitbeschränkte Surfen möglich.

Kunst und Museen

Das Thema **Backsteingotik** ist in Wismar stets und überall präsent. Sie ist der vorherrschende Baustil an vielen Gebäuden und bildet den Schwerpunkt zahlreicher Ausstellungen, etwa in der **Marienkirche** 37. Mit dem **phanTECHNIKUM** ist nun auch ein mecklenburg-vorpommerisches Landesmuseum in der Stadt ansässig. Mit dem **Internationalen Straßentheaterfest boulevART** (s. S. 9) im Juli und dem **Kunstmarkt in der Georgenkirche** 39 im Dezember haben sich in Wismar zwei große Veranstaltungen für Kunst- und Theaterfreunde etabliert.

Museen

› **Ausstellung „Wismar – Bilder einer Stadt" im Rathaus** 32, Rathauskeller, Di.–Sa. 10–16 Uhr, Eintritt frei (Spende erbeten). Die sehenswerte Ausstellung befindet sich im restaurierten, mittelalterlichen Keller des Wismarer Rathauses. Die Exponate geben Einblick in die Stadtgeschichte von der Hansezeit bis zur Wiedervereinigung, präsentieren lokale Erfindungen und stellen mit Wismar verbundene Persönlichkeiten vor (s. S. 95).

M 150 [III B1] **Museumsschiff „Poeler Kogge"**, Am Alten Hafen ca. Höhe Baumhaus, www.poeler-kogge.de, Tel. 304310, in der Regel täglich für Besichtigungen geöffnet, sofern kein Törn ansteht. Dieser Nachbau eines Handelsschiffs aus der Hansezeit wird von einem Förderverein engagiert gepflegt und für Ausfahrten und Veranstaltungen genutzt. Wenn das Schiff, das den Namen „Wissemara" trägt, im Hafen liegt, freut sich die Besatzung auf neugierige Besucher beim „Open Ship". Um Spenden wird gebeten.

M 151 **phanTECHNIKUM**, Zum Festplatz 3, www.phantechnikum.de, Tel. 257811 (Mo.–Fr.), 3045711 (Sa./So.), Di.–So. 10–17, Juli/Aug. 10–18 Uhr, Eintritt: 8 €, erm. 5 €. Seit 2012 präsentiert das Technische Landesmuseum Mecklenburg-Vorpommern hier seine Schätze in einer früheren Kaserne. Unter dem Leitbild der vier Elemente gibt das Museum Einblick in die Technikgeschichte und bietet zudem zahlreiche Experimentierstationen. Ein ideales Ausflugsziel für Jung und Alt zum Staunen und Mitmachen.

48 [IIIC2] **Schabbellhaus Wismar (Stadtgeschichtliches Museum).** Das Museum im originalen Wohn- und Brauhaus der Renaissancezeit widmet sich der Wismarer Stadthistorie (s. S. 112).

M 152 [III B3] **Welt-Erbe-Haus**, Lübsche Str. 23, www.wismar.de (Menüpunkt „Tourismus & Welterbe"/„UNESCO-Welterbe"/„Welt-Erbe-Haus"), April–Sept. tgl. 9–17, Nov.–März tgl. 10–16 Uhr, Eintritt frei. Im Juni 2014 eröffnete Wismar sein UNESCO-Welt-Erbe-Haus in zwei benachbarten restaurierten Gebäuden. Die Ausstellung zeigt Bilder und Informationen zur Stadtgeschichte, v. a. aus der Hansezeit. Besonderes Highlight ist der Stadtgrundriss als Intarsie im Fußboden, umgeben von Hörstationen. Auch der Tapetensaal mit seinem besonderen Bilderzyklus der griechischen Mythologie kann besichtigt werden. Die Touristinformation befindet sich ebenfalls hier im Haus.

Kunstgaleria

46 [III B1] **Baumhaus.** Das historische Gebäude am Eingang des Wismarer Hafens beherbergt eine Galerie, in der wechselnde Kunstausstellungen zu sehen sind (s. S. 110).

153 [III C3] **Galerie Hinter dem Rathaus,** Hinter dem Rathaus 8, www.galerie wismar.de, Tel. 226062, Di.–Fr. 12–18, Sa. 11–16 Uhr. Die Gemeinschaft Wismarer Künstler und Kunstfreunde e. V. stellt hier Malerei, Grafik sowie Kunsthandwerk einheimischer Künstler aus. Das EG dient dem Verkauf vor allem von Grafiken, Postkarten und Rahmen, in den oberen Stockwerken befinden sich die Ausstellungs- und Veranstaltungsflächen.

154 [III C2] **Galerie Kristine Hamann,** Schweinsbrücke 11, www.kristine-hamann.de, Tel. 0176 34968336, Öffnungszeiten bitte vorab auf der Website prüfen, nicht tgl., meist 11–16 Uhr. Eine Galerie für zeitgenössische Malerei, Grafik, Fotografie und Plastik ganz in der Nähe der Wismarer Nikolaikirche. Schwerpunkte bilden abstrakte Kunst und Minimalismus. Die Galerie fördert neuer Talente. In den Räumen finden ferner Musikveranstaltungen statt, z. B. Jazz und Klassik.

Kunst unter freiem Himmel

Kunst im öffentlichen Raum ist in Wismar reichlich vorhanden. Empfehlenswert ist ein zweiter Blick an und in die **Kirchen,** wo sich zahlreiche Beispiele moderner Kunst, Fassadenschmuck und Skulpturen entdecken lassen. Der Kirchhof der **Marienkirche** 37 wird Stück für Stück zu einem **Skulpturengarten** umgewandelt.

Wer mag, kann sich auf die Spur der für Wismar so typischen **Schwedenköpfe** begeben, zu finden sind sie beispielsweise am Baumhaus 46 im Alten Hafen 45.

Mit Kindern unterwegs

Für Kinder ist das mittelalterliche Wismar ein spannender Ort. Die Ausstellung in der **Marienkirche** 37 ist ein guter Startpunkt für kleine Entdecker: Der animierte **Bruno Backstein** erklärt jungen und alten Stadtbesuchern im 3-D-Film, wie die Kirche einst erbaut wurde und nebenan in der Werkstatt kann man es gleich selbst ausprobieren.

Die **Tourist-Information** (s. S. 120) bietet eine Broschüre für einen selbst geführten Rundgang durch Wismar an. **Lilli und Willi** stellen die Stadt darin auf kindgerechte Art vor. Die Broschüre lässt sich zudem über den Onlineauftritt der Tourist-Information herunterladen (http://kinder.wismar.de, Menüpunkt „Wismar für Kinder"). Auch eine Anleitung für eine **Rallye zur Wismarer Schwedenzeit** (http://kinder.wismar.de, Menüpunkt „Museum für Kinder") kann man sich ausdrucken.

Ein besonderes Erlebnis für den Nachwuchs ist eine Besichtigung der **Hansekogge „Wissemara"** im Alten Hafen 45. Für den großen Freizeitspaß bieten sich diese Orte an:

- 155 **Bauernscheune Wismar – Spieltenne,** Dammhusener Hof, am Tierpark, http://bauernscheune.wobau-wismar.de, Tel. 3264171, Di.–Fr. 10–18, Sa./So. 13–18 Uhr, Eintritt frei. Indoorspielplatz mit Kletteranlage, Rutsche und Abenteuerspielplatz, der als Treffpunkt für Familien fungiert.
- 156 **Tierpark Wismar,** Zum Festplatz 4, www.tierpark-wismar.de, Tel. 707070, März–Okt. tgl. 9–18 Uhr, Nov.–Feb. nur Sa./So. u. Feiertage 10–17 Uhr (Kasse schließt jeweils 1 Std. eher), Eintritt: 5 €, erm. 3 €. Der kleine Tierpark in Wismar ist einen Ausflug wert. Auch wenn es keine Elefanten und Eisbären zu sehen

gibt, wird für kleine Gäste viel Unterhaltung geboten. Viele Tiere dürfen angefasst und gestreichelt werden.

S157 **Wonnemar,** Bürgermeister-Haupt-Str. 38, www.wonnemar.de/wismar, Tel. 32760, Mai–Sept. tgl. 10–21, Okt.–Apr. tgl. 10–22 Uhr, Spa tgl. 10.30–20 Uhr, Eintritt: Tageskarte Erlebnis- und Sportbad 15,50 €, Kinder 5–15 Jahre 14 €, Familienkarte 48,50 €. Beliebtes Freizeitbad mit Kinderwelt und Außenbecken, Spa und Saunaanlage, nicht weit von der Wismarer Altstadt entfernt.

Radfahren

Wismars Altstadt ist mit seinem Kopfsteinpflaster und den engen Straßen sicher nicht das ideale Revier für Fahrradfahrer, jedoch gibt es viele **Radrouten** durch die Stadt und der Verkehr ist nicht allzu stark. **Radwege** werden kontinuierlich verbessert und erweitert. Hier kann man sich während des Aufenthalts in Wismar ein **Fahrrad leihen:**

•158 [III A2] **Fahrradverleih am Westhafen,** Am Westhafen 3 b, www.fahrradverleih-wismar.de, Tel. 0175 8908594, Mo.–Fr. 9–12 u. 15–19, Sa. 10–13 Uhr, Kosten: 7 €/Tag. Zentral gelegener Radverleih im Wismarer Hafen, unweit der Altstadt. Zubehör wie Radkörbe, Helme und Kindersitze ist ebenfalls erhältlich.

Stadttouren

Mit dem Bus

•159 [III C2] **Hanse City Tours,** Frische Grube 24, www.hanse-city-tours.de, Tel. 2286464, Büro Mo./Di. 9–16, Mi./Do. 14–17 Uhr, Abfahrten: alle 75 Min. von 10.30 bis 15.30 Uhr, Nov./Dez. nur am Wochenende, Fahrpreis: 11 €, erm. 5 €. Hier lassen sich live moderierte Stadtrundfahrten mit dem amerikanischen Schulbus „Otto" buchen. Ein nostalgisches Erlebnis und eine bequeme Art, Wismar zu erkunden. „Otto" startet die Rundfahrten vom Wismarer Marktplatz auf Höhe des BürgerServiceCenter (Stadthaus, [III C3]).

› **Stadtrundfahrt im Panoramabus,** Busunternehmen M. Scholz, Abfahrt Am Markt 11 [III C3], www.rostock-stadtrundfahrt.de, Tel. 2513020, Abfahrten: Apr.–Okt. tgl. 10–17 Uhr alle 30 Min., Nov.–März tgl. 11–15 Uhr stündl., Fahrpreis: 12 €, erm. 5 €. Die knapp einstündige Rundfahrt führt zu den bedeutendsten Sehenswürdigkeiten der Stadt und wird in bequemen Kleinbussen mit ca. acht Plätzen durchgeführt. Kartenverkauf durch die Tourist-Information oder aber direkt im Bus.

Zu Fuß

Erlebnisreiche Rundgänge durch die Stadt bietet die **Tourist-Information** (s. S. 120) fast ganzjährig an. Infos gibt es auf der Website www.wismar.de („Tourismus & Welterbe"/ „Wismar erleben"/„Stadtführungen") bzw. unter Tel. 22529121. Die Details:

› **Nachtwächter-Führung,** Ende März–Dez. Fr. 18 Uhr, 10 €
› **SOKO-Wismar-Führung,** Apr.–Okt. Fr. 16 Uhr, Juni–Sept. auch Di. 14 Uhr, 10 €
› **Stadtführung Stadtgeschichte,** Ende März–Ende Okt. tgl. 10.30 Uhr, 7 €, sonst tgl. 14 Uhr bei min. sechs Teilnehmern (Voranmeldung)
› **Störtebeker-Führung,** Ende März–Anf. Nov. Sa. 15 Uhr, 10 €

Im „cheese wagon" durch Wismar kurven: eine erlebnisreiche Stadtrundfahrt mit dem amerikanischen Schulbus „Otto"

056ro Abb.: tm

Mit dem Schiff

•160 [III B1] **Adler-Schiffe,** Buchungsbüro Alter Holzhafen 7, Anleger auf gleicher Höhe, www.adler-schiffe.de/ab-wismar-und-poel, Tel. 04651 9870888, Abfahrten: Apr.–Anf. Nov. tgl. 10.30–17 Uhr ca. alle 30 Min., Nov.–März. Sa./So. 11, 12.30 u. 14 Uhr, Fahrpreis: 13 €, erm. 7 €. Die Reederei bietet eine klassische Hafenrundfahrt durch den Holzhafen, den Alten Hafen 45 und zur Werft an. Zusätzlich sind Überfahrten zur Insel Poel sowie Abend- und Piratenfahrten möglich. Besonders empfehlenswert ist eine Ausfahrt mit dem Fischer mitsamt Erklärungen zum Fang.

Unterhaltung und Nachtleben

Das Nachtleben in Wismar ist **studentisch geprägt;** Partyfreunde sind daher am besten in den **Studentenklubs** aufgehoben. Viele junge Wismaraner zieht es des Nachts eher in die größeren Städte Rostock oder Schwerin. In der Altstadt sitzt man abends am besten **Am Lohberg** 43. Dort haben z. B. das Brauhaus am Lohberg und das zum Hotel New Orleans gehörige american bar & restaurant (beide s. S. 118) lange geöffnet; sie verfügen außerdem über ein reichhaltiges Getränkeangebot. Die Klubs befinden sich in der Regel etwas außerhalb des Stadtkerns.

Bars und Kneipen, Klubs und Discos

161 [III C3] **Bacchus Club,** Hinter dem Rathaus 3, www.bacchusclub.de, Tel. 2277066, regelmäßig am Wochenende ab 22 Uhr geöffnet. Zentral gelegener Tanzklub und Bar mit stylischem Ambiente und breitem Repertoire, u. a. Ü30-Partys, House-Abende und Studentenpartys.

162 **Block 17 e. V.,** Philipp-Müller-Str. 20, www.block17.de, Tel. 704707. Bereits 1969 gegründeter Studentenklub mit Tanzveranstaltungen, Filmabenden und Kneipenquiz.

163 [III B2] **kai bar café,** Alter Holzhafen 3, www.kaibarcafe.de, Tel. 229822, tgl. 10–24 Uhr, WLAN. Ganztägig geöff-

nete Café-Bar am Hafen mit ungezwungener Atmosphäre. Regelmäßig Musik- und Tanzveranstaltungen. Angenehmes Preisniveau. Von Einheimischen wie Touristen besucht.

164 **Mensakeller,** Käthe-Kollwitz-Promenade 7, www.mensakeller.de, Tel. 703134, Sa. ab 22 Uhr. Klub, Disco und Lounge. Überwiegend studentisches Publikum, die Partys sind aber offen für alle. Das musikalische Spektrum reicht von Electro und House über Black Music bis hin zu Pop und Charts.

165 [III C3] **Weinwirtschaft,** im Steigenberger Hotel Stadt Hamburg, Am Markt 24, www.weinwirtschaft-wismar.de, Tel. 239250, tgl. 7–24 Uhr, Mo.–Fr. schon ab 6.30 Uhr, warme Küche bis 21.30 Uhr. Die Weinwirtschaft ist eine Mischung aus Weinbar mit umfangreicher Karte ausgewählter edler Tropfen und Bistro mit kleinen Gerichten. Viele Tapas sind vegan oder vegetarisch.

Theater und Konzerte

Die größte Theaterbühne in Wismar ist das Große Haus als Teil des **Theaters der Hansestadt Wismar.** Es unterhält mehrere Spielstätten in der gesamten Stadt. **Konzerte** finden häufig in den **Wismarer Kirchen,** insbesondere in der Georgenkirche 39, statt – über aktuelle Kulturtermine informiert die Website www.kirchen-in-wismar.de (Menüpunkt „Veranstaltungen"). Weitere Veranstaltungsorte sind der **Bürgerpark** und die **Stadthalle.** Nähere Informationen zu Events und Terminen sowie einen Ticketservice bietet die **Tourist-Information** (s. S. 120).

166 [III B2] **Halle am Alten Hafen,** Stockholmer Str., im Alten Hafen, www.hansekontor-wismar.de, Tel. 222890. In der einstigen Produktionshalle finden Aufführungen und Konzerte sowie Feste und Messen statt. Sie wird häufig auch als Markthalle bezeichnet. Eine Terminübersicht findet man online.

167 **Theater der Hansestadt Wismar,** Großes Haus, Philipp-Müller-Str., Gelände der Hochschule Wismar, Eingang über Bürgermeister-Haupt-Str. 14, Tel. 326040 u. 3260415 (Kasse), www.wismar.de (Menüpunkt „Bürger"/„Kunst und Kultur"/„Theater"), Theaterkasse öffnet 1 Std. vor der Vorstellung. Das städtische Theater verfügt über mehrere Spielstätten, neben dem Großen Haus die Kammerbühne, das Theatercafé und die Theaterklause (alle auf dem Gelände der Hochschule). Zusätzlich finden Aufführungen in der Halle am Alten Hafen (s.l.) und in der Georgenkirche 39 statt. Das Repertoire ist breit gefächert und wird durch attraktive Gastspiele ergänzt. Eintrittskarten sind auch in der Tourist-Information und online erhältlich.

Unterkunft

Das Angebot an Übernachtungsmöglichkeiten in Wismar ist vielseitig. Es gibt moderne, hochpreisige Häuser renommierter Hotelketten, aber auch privat geführte Hotels mit viel Charme. Die meisten **Hotels oder Pensionen** sind eher klein und haben um die 15 Zimmer. So erhält man häufig einen lebendigen Eindruck von der Pflege denkmalgeschützter alter Gebäude. Das **Preisniveau** in der Altstadt ist recht einheitlich im mittleren Bereich. Saisonal schwanken die Preise bisweilen in beide Richtungen. Eine **rechtzeitige Reservierung** empfiehlt sich, da Wismar im Sommer stark nachgefragt wird.

Campingplätze und Ferienhöfe findet man im **Umland.** Auch eine Übernachtung im Ostseebad Boltenhagen (ca. 25 km von Wismar) oder auf der Insel Poel (ca. 15 km entfernt) bieten sich für Wismarbesucher an.

In Wismar wird für touristische Aufenthalte eine Übernachtungssteuer, ähnlich einer **Kurtaxe,** fällig. Diese beträgt 5% vom Logispreis (d. h. ohne Frühstück) und wird vom Beherbergungsbetrieb kassiert und an die Stadtverwaltung abgeführt.

› **Ferienwohnung im Gewölbe** 42 €-€€, www.fewo-gewoelbe.m-vp.de, Tel. 227340. **Historisches Ambiente:** Übernachten im restaurierten Fachwerkhaus über dem mittelalterlichen Kanal Grube. Die Räume mit Wohn- und Schlafbereich sind für 2–4 Pers. geeignet. Bei der Renovierung wurde viel Wert auf den Erhalt der historischen Substanz gelegt.

168 [III C2] **Fründts Hotel Wismar** €€, Schweinsbrücke 1–3, www.hotel-stadtwismar.de, Tel. 2256982. **In der Altstadt:** geschmackvolles Hotel nahe der Nikolaikirche. Ansprechende, behagliche Zimmer und eigenes Restaurant. Von der Dachterrasse eröffnet sich eine schöne Sicht.

169 [III C3] **Hotel Alter Speicher** €€€, Bohrstr. 12 u. 12 a, www.hotel-alter-speicher.de, Tel. 211746. **Charmant und für alle Ansprüche:** bekanntes, familiengeführtes Hotel in der Altstadt in zwei sanierten Speicherhäusern. Die Ausstattung ist komfortabel, das zugehörige Restaurant To'n Ossen offeriert gehobene Gastronomie.

170 [III B2] **Hotel Am Alten Hafen** €-€€, Spiegelberg 61–65, www.hotel-am-alten-hafen.de, Tel. 4260. **Gut und günstig am Hafen:** Mit Blick auf den Alten Hafen und nur einen kurzen Spaziergang von der Altstadt entfernt, nächtigt man in diesem modernen Hotel Garni. Es werden auch Appartements und Ferienwohnungen (in der Nähe) angeboten.

Preiskategorien Unterkünfte

Preis für ein Doppelzimmer, in der Regel inkl. Frühstück:

› € bis 70 €
› €€ 70–120 €
› €€€ 120–180 €

171 [III C3] **Hotel Reingard** €€, Weberstr. 18, www.hotel-reingard.de, Tel. 284972. **Kleines Genießerhotel:** stilvolles Hotel mit idyllischem Garten in der Altstadt. Alle Räume sind individuell nach Themen gestaltet – so nächtigt man etwa im Muschel- oder im Jagdzimmer. Mit Café und Bar. Der Markt ist in 15 Min. zu Fuß erreichbar.

172 **Hotel Seeblick** €€-€€€, Ernst-Scheel-Str. 27, Ortsteil Seebad Wendorf, www.hotel-seeblick-wismar.de, Tel. 62740. **Wohlfühlen an der Wismarbucht:** Früher ein Kurhaus, ist das Seeblick heute ein Hotel mit 54 Zimmern. Reizvoller Ausblick auf die Bucht oder den Park. Neben den klassischen Zimmern stehen luxuriöse Turmzimmer, günstige Räumlichkeiten im Gästehaus und ein barrierefreies

057ro Abb.: tm

› *Fassade in hanseatischen Farben: das Hotel Alter Speicher*

Zimmer zur Verfügung. Ein Restaurant und ein Spabereich bieten den Gästen zusätzliche Annehmlichkeiten.

173 **Jugendherberge** €, Juri-Gagarin-Ring 30 a, www.jugendherbergen-mv.de, Tel. 32680. **Domizil für Junge, Junggebliebene und Familien:** klassische Jugendherberge in einem alten Backsteinkomplex etwas außerhalb der Innenstadt. Es gibt einige 2-Bett-Zimmer mit Dusche/WC und zwei barrierefreie Zimmer. Mahlzeiten werden ebenfalls angeboten.

174 [III C3] **Pension Chez Fasan** €-€€, Bademutterstr. 20, www.unterkunft-pension-wismar.de, Tel. 213425. **Kleinod in der Altstadt:** familiengeführte Pension mit 25 Zimmern, nur einen kurzen Fußweg von Markt und Hafen entfernt. Stellplätze sind auf Anfrage vorhanden und kostenlos.

Verkehrsmittel

Bus

Für den innerstädtischen Verkehr und die Linien ins Umland ist das Verkehrsunternehmen **Nahbus** verantwortlich.

Obwohl man in Wismar alle Sehenswürdigkeiten bequem zu Fuß erreichen kann, gibt es einige für Touristen interessante **Buslinien:** Über den Markt 31 verkehren die Linien 2–6. Die genannten Linien steuern auch den Bahnhof und den ZOB (beide s. S. 114) sowie die Haltestelle Lohberg am Alten Hafen an. Die Linien 2, 4 und 5 fahren auch bis zum Seebad Wendorf hinaus.

Alle **Fahrkarten** sind beim Busfahrer erhältlich. Am ZOB, in der Tourist-Information Wismar (s. S. 120) und im BürgerServiceCenter im Stadthaus [III C3] kann man ebenfalls das gesamte Sortiment an Fahrkarten erwerben.

- Informationen unter www.nahbus.de
- **Einzelfahrkarte Innenstadt:** 2 €
- **10-Fahrten-Set:** 16 €
- **Tageskarte:** 5,80 €

Taxi

Taxistände gibt es z. B. direkt am Markt 31 und außerdem am Bahnhof (s. S. 114). Taxis lassen sich unter Tel. 283883 bestellen.

Weitere Adressen

Apotheke

- **Apotheken-Notdienst:** Tel. 0800 2282280

175 [III C3] **Hirsch-Apotheke,** Am Markt 29, www.hirsch-apotheke-wismar.de, Tel. 282159, Mo.–Fr. 8–18, Sa. 9–12 Uhr. Mitten im Zentrum gelegen.

Arzt, Krankenhaus

- **Ärztlicher Bereitschaftsdienst:** Tel. 116117

176 **Sana Hanse-Klinikum Wismar,** Störtebekerstr. 6, www.sana-hanse-klinikum-wismar.de, Tel. 330

Fundbüro

177 [III C3] **Fundbüro im Stadthaus,** Am Markt 11, Tel. 2512345, Mo.–Fr. 8.30–12, Di. auch 14–15.30, Do. auch 14–17.30, Mi. geschlossen. Informationen zu Fundsachen erhält man im Bürgerbüro der Stadtverwaltung.

Post

178 [III C4] **Postfiliale Wismar-Zentrum,** Mecklenburger Str. 18–20, Mo.–Fr. 9–18, Sa. 9–12 Uhr

Griechischer Meeresgott am Möwenbrunnen auf dem Neuen Markt 1 in Rostock

ANHANG

058ro Abb.: tm

Register

Das komplette Programm zum Reisen und Entdecken von REISE KNOW-HOW

- **Reiseführer** – alle praktischen Reisetipps von kompetenten Landeskennern
- **CityTrip** – kompakte Informationen für Städtekurztrips
- **CityTrip**PLUS – umfangreiche Informationen für ausgedehnte Städtetouren
- **InselTrip** – kompakte Informationen für den Kurztrip auf beliebte Urlaubsinseln
- **Wohnmobil-Tourguides** – alle praktischen Reisetipps für Wohnmobil-Reisende
- **Wanderführer** – exakte Tourenbeschreibungen mit Karten und Anforderungsprofilen
- **KulturSchock** – Orientierungshilfe im Reisealltag
- **Die Fremdenversteher** – kulturelle Unterschiede humorvoll auf den Punkt gebracht
- **Kauderwelsch Sprachführer** – vermitteln schnell und einfach die Landessprache
- **Kauderwelsch plus** – Sprachführer mit umfangreichem Wörterbuch
- **world mapping project™** – aktuelle Landkarten, wasserfest und unzerreißbar
- **Edition REISE KNOW-HOW** – Geschichten, Reportagen und Abenteuerberichte

Reisen? We know how!

Die Autoren

Anne Kirchmann, geboren 1980, ist Rostockerin mit brandenburgischen Wurzeln. Das Studium führte sie an die Küste und schon bald stand fest, dass die Hansestadt langfristig das neue Zuhause werden könnte. Bereits als Studentin arbeitete Anne als Stadtführerin und erweiterte ihr Repertoire bald auch um andere Orte in Mecklenburg-Vorpommern. Nach dem Diplom in Betriebswirtschaft wagte sie aus Leidenschaft für die Tätigkeit als Gästeführerin den Sprung in die Selbstständigkeit. Vor allem internationalen Gästen, z. B. den Passagieren von Kreuzfahrtschiffen, zeigt sie die Schönheiten der erhaltenen Altstädte Rostocks und Wismars. Als Mitglied im Stadtführerverein ist die Autorin immer nah am Geschehen.

Für **Thomas Morgenstern**, Jahrgang 1977, ist Rostock seit mehr als 35 Jahren Heimatstadt. Nach dem Abitur schloss sich das Studium an der altehrwürdigen Rostocker Universität an. Als studierter Germanist und Magister der Politikwissenschaft verfolgt er aufmerksam das Geschehen nicht nur in seiner Heimat. Mit seinem Interesse für Fotografie und Geschichte steuerte er neben vielen inhaltlichen Ideen vor allem Bilder für diesen CityTrip bei. Heute ist er als Selbstständiger in der Tourismusbranche aktiv. Gemeinsam reisen Thomas und Anne gern und viel und sehen ihre berufliche wie auch private Zukunft in Rostock mit seiner wachsenden Tourismusbranche.

Impressum

Anne Kirchmann, Thomas Morgenstern

CityTrip Rostock und Wismar

2., neu bearbeitete und komplett aktualisierte Auflage 2018

ISBN 978-3-8317-3032-2
Printed in Germany

Druck und Bindung:
Media-Print, Paderborn

Herausgeber: Klaus Werner
Layout: amundo media GmbH (Umschlag, Inhalt), Peter Rump (Umschlag)
Lektorat: amundo media GmbH
Karten: Ingenieurbüro B. Spachmüller, amundo media GmbH
Anzeigenvertrieb: KV Kommunalverlag GmbH & Co. KG, Alte Landstraße 23, 85521 Ottobrunn, Tel. 089 928096-0, info@kommunal-verlag.de
Kontakt: Osnabrücker Str. 79, 33649 Bielefeld, info@reise-know-how.de

Bildnachweis

Umschlagvorderseite: fotolia.com © Flexmedia stock adobe.com | Umschlagklappe rechts: tm
Soweit ihre Namen nicht vollständig am Bild vermerkt sind, stehen die Kürzel an den Abbildungen für die folgenden Fotografen, Firmen und Einrichtungen. Thomas Morgenstern: tm | fotolia.com by adobe: fo

Liste der Karteneinträge

Rostock und Warnemünde

Wismar

Hier nicht aufgeführte Nummern liegen außerhalb der abgebildeten Karten. Ihre Lage kann aber wie die von allen Ortsmarken im Buch mithilfe der Web-App angezeigt werden (s. S. 141).

Zeichenerklärung

- Hauptsehenswürdigkeit
- Bar, Treffpunkt
- Bibliothek
- Biergarten, Pub, Kneipe
- Café, Eiscafé
- Denkmal
- Fischrestaurant
- Freibad
- Galerie
- Geschäft, Kaufhaus, Markt
- Hotel, Unterkunft
- Hallenbad
- Imbiss, Bistro
- Informationsstelle
- Jugendherberge, Hostel
- Kino
- Kirche
- Krankenhaus, Arzt
- Leuchtturm
- Museum
- Musikszene, Disco, Klub
- Parkplatz, Parkhaus
- Pension, Bed & Breakfast
- Polizei
- Post
- Restaurant
- Sehenswürdigkeit
- Sonstiges
- Theater
- Turm
- Vegetarisches Restaurant
- Weinlokal
- Windmühle
- Windrad
- Zeltplatz, Camping
- S-Bahnhof
- Str.-Bahn-Halt

- Shoppingareal
- Gastro- und Nightlife-Areal
- Stadtspaziergänge (s. S. 22, S. 52 und S. 91)

Rostock und Wismar mit PC, Smartphone & Co.

QR-Code auf dem Umschlag scannen oder **www.reise-know-how.de/citytrip/ rostock18** eingeben und die **kostenlose Web-App** aufrufen (Internetverbindung zur Nutzung nötig)!

★**Anzeige der Lage und Satellitenansicht aller** beschriebenen Sehenswürdigkeiten und touristisch wichtigen Orte
★**Routenführung** vom aktuellen Standort zum gewünschten Ziel
★**Exakter Verlauf** der empfohlenen Stadtspaziergänge
★**Updates** nach Redaktionsschluss

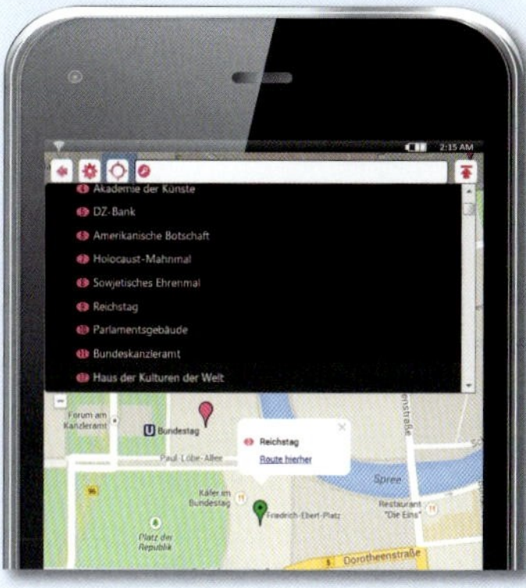

GPS-Daten zum Download

Auf der Produktseite dieses Titels unter www.reise-know-how.de stehen die GPS-Daten aller Ortsmarken als KML-Dateien zum Download zur Verfügung.

Stadtplan für mobile Geräte

Um den Stadtplan auf Smartphones und Tablets nutzen zu können, empfehlen wir die App „Avenza Maps“ der Firma Avenza™. Der Stadtplan wird aus der App heraus geladen und kann dann mit vielen Zusatzfunktionen genutzt werden.

Unsere App-Empfehlungen zu Rostock und Wismar

› **AstroUhr:** Wer die antiken Anzeigen der astronomischen Uhr in der Rostocker Marienkirche 3 ergründen will, findet hier wertvolle Unterstützung (2,69 € für iOS).
› **Hanse Taxi Rostock:** Ein Taxi bestellen in nur zwei Schritten – möglich macht es diese App. Inklusive Preisauskunft und Standortbestimmung (kostenlos für Android und iOS).
› **Kirchenland MV:** Umkreissuche, Fotos und teils Grundrisse aller Kirchen in Rostock und Wismar (kostenlos für iOS, für Android u. WindowsPhone in Vorbereitung)
› **Rostock Port Now:** Die passende App für alle Schiffegucker. Ankünfte der Kreuzfahrtschiffe, Fähren, Frachter und Tanker im Überseehafen können hier live verfolgt werden. Zusätzlich Wetter- und Parkinfos und ein Hafenplan (kostenlos für Android und iOS).
› **VVW App:** übersichtlich gestaltete Web-App des regionalen Verkehrsunternehmens in Rostock und Umgebung mit Fahrplaninfo, Abfahrtsmonitor, aktuellen Hinweisen etc., gratis abrufbar unter www.verkehrsverbund-warnow.de für Android und iOS

Die Web-App und der Zugriff auf diese über QR-Codes sind eine freiwillige, kostenlose Zusatzleistung des Verlages. Der Verlag behält sich vor, die Bereitstellung des Angebotes und die Möglichkeit der Nutzung zeitlich und inhaltlich zu beschränken. Der Verlag übernimmt keine Garantie für das Funktionieren der Seiten und keine Haftung für Schäden, die aus dem Gebrauch der Seiten resultieren. Es besteht ferner kein Anspruch auf eine unbefristete Bereitstellung der Seiten.

☐ Liste der Karteneinträge Seite 137

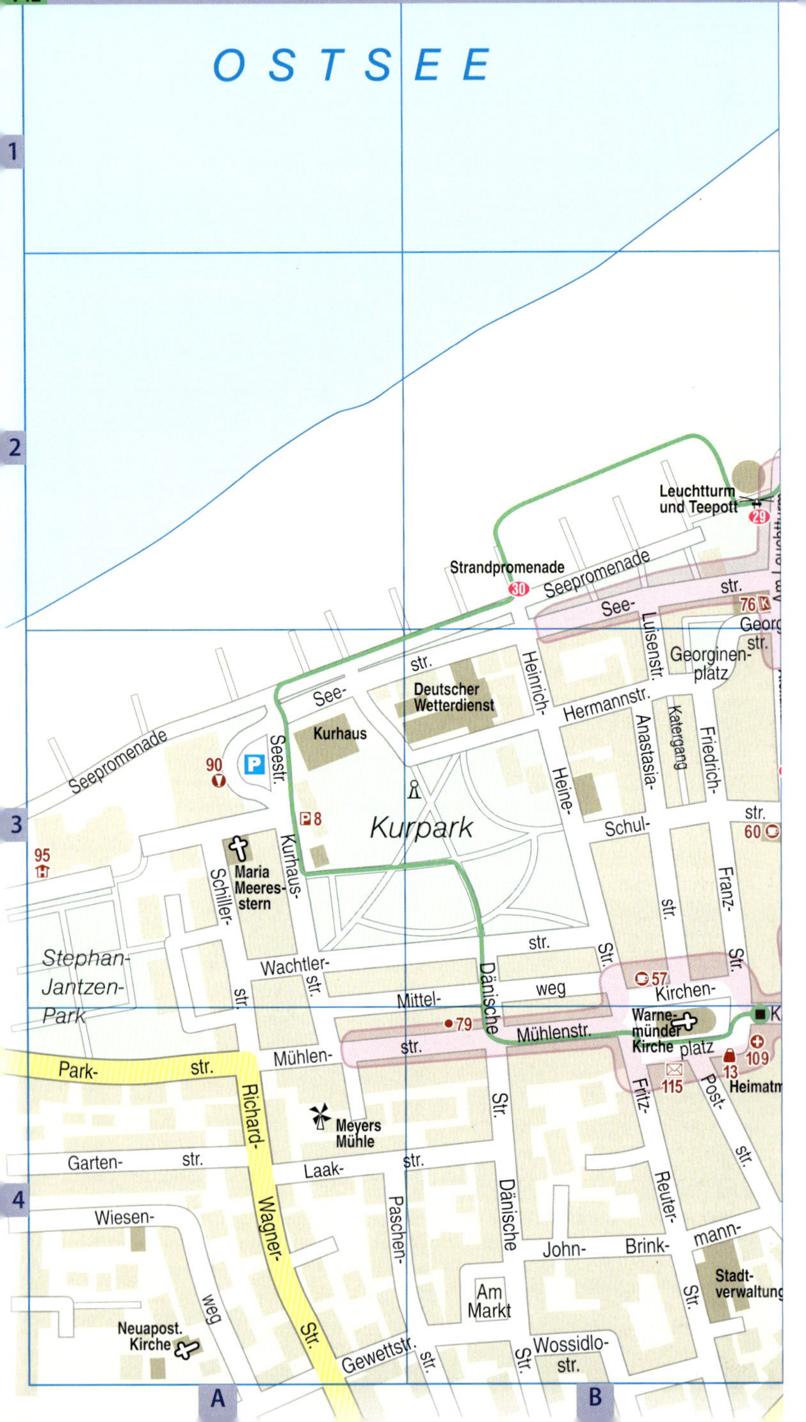

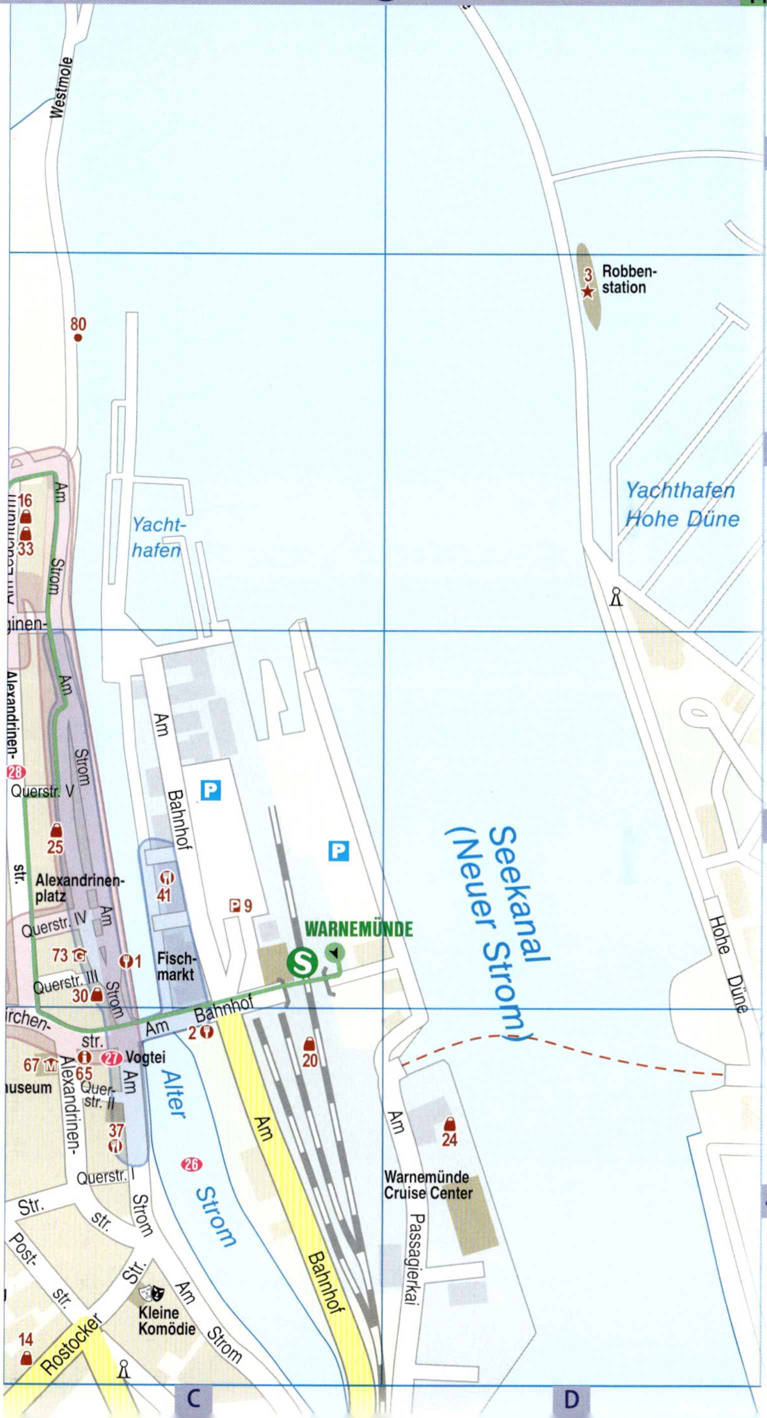
1 cm = 75 m
0
200 m
© Reise Know-How 2018
Westmole
80
Robben-
station
3
Yachthafen
Hohe Düne
Yacht-
hafen
Am
Strom
16
33
Alexandrinen-
28
Querstr. V
25
str.
Alexandrinen-
platz
Querstr. IV
73
1
Fisch-
markt
Querstr. III
30
Am
Bahnhof
P
41
P 9
WARNEMÜNDE
S
Seekanal
(Neuer Strom)
Hohe Düne
Bahnhof
2
str.
67
65
27
Vogtei
museum
Alexandrinen-
Quer-
str. II
Alter
Strom
20
Am
Bahnhof
Am
Passagierkai
24
Warnemünde
Cruise Center
37
26
Querstr. I
Str.
Post-
str.
Str.
Rostocker
14
Kleine
Komödie
Am
Strom
1
2
3
4
C
D

Karte I: Rostock, Zentrum